CHRISTA SPILLING-NÖKER

Die schönsten Seiten des Lebens

CHRISTA SPILLING-NÖKER

Die schönsten Seiten des Lebens

Das Familienhausbuch für das ganze Jahr

HERDER

FREIBURG · BASEL · WIEN

Inhalt

10 Frühling

72 Sommer

124 Herbst

170 Winter

Ich freue mich aufs neue Jahr

Ich freue mich aufs neue Jahr,
aufs Schlittenfahr'n im Januar,
auf Krokusknospen unterm Schnee,
wie ich im Februar sie seh'.

Was wird das für ein Blütentraum
im März an unserm Apfelbaum –
und kommt der launige April,
möcht' ich auch machen, was ich will.

Im Mai, da singt die Nachtigall,
die Rosen duften überall –
und in dem Juni, nun habt acht,
da feiern wir Mittsommernacht.

Im Juli, wenn es richtig heiß,
da schlecke ich ein Erdbeereis –
und im August in kühlen Seen
mag ich so gerne schwimmen gehn.

September lockt mit Apfelmus,
auch Pflaumenkuchen – ein Genuss!
Mein bunter Drachen steigt im Wind,
wenn wir dann im Oktober sind.

Kommt der November, neblig nass,
macht's Spielen auch zu Hause Spaß.
Dezember wärmt mit Kerzenschein,
da wird es bald schon Weihnacht sein.

Ich freue mich aufs neue Jahr,
auf jeden Tag, ja, das ist wahr!
Ich bin so froh, dass es mich gibt –
und einen Menschen, der mich liebt!

CHRISTA SPILLING-NÖKER

Zeichen und Symbole

Ganz schön bunt und vielseitig ist so ein Buch rund um das Jahr. Damit die Orientierung auf den Seiten leichter fällt, sind die unterschiedlichen Texte jeweils mit Zeichen und Symbolen versehen:

Bastelideen sind mit dem Pinsel gekennzeichnet. Da entsteht Buntes, Schönes und Kreatives – und noch dazu eine Menge Spaß und Freude.

Das aufgeschlagene Buch weist auf Texte und Geschichten hin, die Hintergründe und Wissenswertes noch einmal in besonderer Weise verdeutlichen. Darunter sind Bibeltexte, aber auch Legenden und Geschichten. Sie eignen sich gut zum Vorlesen in der Familie.

Ob auf dem Sofa, im Gartenstuhl oder abends im Bett: Geschichten mit dem Brillen-Symbol sind ideal zum Vorlesen. Die Schrift ist extra groß gedruckt, damit auch kleine Bücherfreunde selbst einmal eine Erzählung in der Runde vortragen können.

Das Kalenderblatt verweist auf besondere Tage im Jahr: Gedenktage von Heiligen, Feiertage etc. – Momente und Stationen, die dem Jahr Rhythmus und dem Kalender Struktur geben.

Die Jahreszeiten bringen leckere Gerichte auf die Teller. Viele Speisen lassen sich leicht auch mit jüngeren Kindern zubereiten. Die Mengenangaben beziehen sich in der Regel auf vier normale Portionen.

Mit dem Würfel sind Ideen und Aktionen markiert, die sich besonders gut mit der ganzen Familie oder mit Freunden durchführen lassen. Die Palette reicht dabei von Spielen und Sketchen bis hin zu Nachdenklichem und Besinnlichem.

Vorwort

Einladung für das neue Jahr

Das neue Jahr möge sich
anmutig und leicht vor dir ausbreiten.
Jeder Tag möge dich dazu einladen,
aus ihm etwas ganz Besonderes zu machen,
damit du am Ende sagen kannst:
Vieles war gut.

Das neue Jahr liegt vor uns wie ein leeres Buch. Dreihundertundfünfundsechzig Seiten, die von Tag zu Tag gefüllt werden wollen. Was werden wir erleben, welche Geschichten werden wir in dieses Buch hineinschreiben, in welcher Poesie werden sich unsere Träume verdichten? Werden die Seiten grau sein oder wird es uns gelingen, unseren inneren Bildern Gestalt zu verleihen und nach außen hin Farbe in unseren Alltag zu bringen? Oder erwarten uns Ereignisse, die wir herbeisehnen? Welche Überraschungen werden uns begegnen? Dürfen wir auf einen besonderen Erfolg hoffen? Steht vielleicht ein bedeutsames Fest an, auf dessen Feier wir uns schon hinfreuen? Was wird dem neuen Jahr glänzende Seiten verleihen, was wird es krönen?

Bei allem, was uns im neuen Jahr begegnet, sei dieses Buch ein Begleiter, der Mut macht, Hoffnung schenkt, Freudentränen hervorbringt und Tag für Tag eine schöne Seite des Lebens aufzeigt.

CHRISTA SPILLING-NÖKER

Frühling

Grüß mir den Frühling
in seinem zarten Licht:
Grüß mir die Hyazinthen,
die Primeln und Veilchen,
die dir in ihrer vielfältigen Farbenpracht
und ihrem betörenden Duft
die Freude auf neue Zukunft
verkünden.

Grüß mir den Frühling
mit all seiner Wärme:
Grüß mir die Sonne
mit ihrer strahlenden Kraft,
die aus abgestorbenen Zweigen
neue Knospen und zugleich neues Wachstum
in unbeschreibbarer Schönheit
hervorzaubern will.

CHRISTA SPILLING-NÖKER

Vom zarten Aufbruch der Natur

Wenn das neue Jahr begonnen hat, erwarten uns meistens noch kalte Wochen. Doch die Schneeglöckchen läuten ganz zaghaft schon die erste Hoffnung auf den Frühling ein. Wenn es wärmer wird, brechen auch die Krokusse weiß, lila und gelb auf. Nach und nach kehrt das Leben in die Natur zurück. Die Amseln beginnen wieder zu singen, die Tage werden länger und die Sonne nimmt nach und nach an Kraft zu. Da macht es wieder Freude, nach draußen zu gehen, zum Spielen, zum Wandern oder um den Garten zu bestellen.

Bote der Liebe: der heilige Valentin

Am Valentinstag, der bei uns am 14. Februar gefeiert wird, zeigen sich Menschen in besonderer Weise, dass sie sich lieb haben. Deshalb sehen wir von Anfang Februar an in vielen Geschäften Herzen. Bereits seit dem Mittelalter hatte sich, vor allem in England und Frankreich, der Brauch verbreitet, seiner Liebsten am Valentinstag Blumen zu schenken. Später verschickte man auch Karten, die mit Herzen und Spitze verziert waren und auf die man ein Liebesgedicht schrieb.

Auf wen aber geht dieses Brauchtum zurück? Valentin war, so sagt die Legende, ein armer, aufrechter Priester. Er lebte im 3. Jahrhundert und soll Verliebten Blumen aus seinem Garten geschenkt sowie Liebespaare heimlich nach christlichem Ritus getraut haben, wenngleich der Kaiser das verboten hatte. Aufgrund seiner Güte soll Valentin bei sehr vielen Menschen außerordentlich beliebt und geachtet gewesen sein.

Deshalb wollte ihn auch Kaiser Claudius gern kennenlernen. Als Valentin an seinen Hof kam, sagte der Kaiser zu ihm: »Ich habe so viel Gutes über dich gehört, ich möchte gern dein Freund sein. Nur wünsche ich, dass du dich von dem Aberglauben der Christen abwendest und wieder die römischen Götter anbetest.« Valentin erwiderte: »Es gibt nur einen Gott und Jesus Christus ist sein Sohn.« Der Kaiser war tief beeindruckt und wollte mehr über den christlichen Glauben erfahren. Doch seine Ratgeber warnten ihn: Valentin sei ein Zauberer und wolle Macht über ihn gewinnen; er müsse ihn vor Gericht stellen.

Der Kaiser fürchtete einen Volksaufstand und übergab Valentin dem Gericht. Der Richter sagte: »Du sprichst davon, dass Jesus Christus das Licht der Welt ist. Wenn dem so ist, dann möchte ich ein Zeichen sehen. Meine Tochter ist schon lange blind. Wenn er ihr das Augenlicht zurückgibt, will ich an ihn glauben.« Valentin betete zu Jesus Christus – und siehe da: Das Mädchen wurde geheilt. Der Richter und seine Familie waren tief erstaunt über das Wunder, fielen Valentin zu Füßen und ließen sich taufen. Als der Kaiser davon erfuhr, ließ er sie alle ins Gefängnis werfen. Valentin aber wurde zum Tode verurteilt und enthauptet. Sein Todestag ist der 14. Februar 269 – und heute der Tag der Verliebten.

Eine kleine Idee zum Valentinstag

➡ Schneide aus rotem Karton Herzen aus, schreibe einen liebevollen Gedanken darauf und schenke sie den Menschen, die du besonders gern hast. Da könnte dann zum Beispiel draufstehen:

- ◉ für den besten Papa der Welt
- ◉ ich freue mich, dass du in der Schule neben mir sitzt
- ◉ ich habe dich ganz doll lieb, Oma

Fasching, Fasnet, Karneval

Die Karnevals- oder auch Faschingszeit ist keine christliche Zeit im eigentlichen Sinn. Ihre Wurzeln liegen zum einen darin, verderbliche Lebensmittel vor den Fastenwochen aufzubrauchen – zum anderen genoss man noch einmal Speisen mit viel Fleisch, Würsten, Butter, Schmalz, Eiern und Käse, die ja in der Fastenzeit verboten waren. Aber warum sagen manche zu den närrischen Tagen »Fasching« und andere wiederum »Karneval«?

Heutzutage gilt der Karneval, je nach Region auch als Fasching, Fasnet oder Fastnacht bezeichnet, als fünfte Jahreszeit. Seit dem 19. Jahrhundert fängt die Karnevalszeit in einigen deutschen Städten und im ganzen Rheinland am 11. November an und dauert bis zum Aschermittwoch. Die öffentlichen Karnevalssitzungen beginnen am 6. Januar. Die Hauptzeit des närrischen Treibens erstreckt sich auf die sechs Tage vor dem Aschermittwoch.

Der seit dem 18. Jahrhundert bezeugte Begriff *Karneval* geht möglicherweise auf den lateinischen Ausruf *carne vale* zurück – das bedeuetet *»Fleisch lebe wohl«*. Eine andere Worterklärung beruht auf dem *carrus navalis*, dem Schiffskarren, der bei festlichen Umzügen zum Frühlingsanfang mitgeführt wurde – und der ja auch heute bei den Umzügen eine Rolle spielt.

Das Wort *Fastnacht* gründet sich auf dem seit dem 12. Jahrhundert gängigen Ausdruck *vastnaht* (*vast* = fasten und *naht* in dem Verständnis von *Vorabend*), meint also den Abend vor Aschermittwoch.

Die oberdeutsche und mittelrheinische *Fas(e)nacht* hat ihren Ursprung in dem später bezeugten mittelhochdeutschen Begriff *vas(e)naht*. Ob man dabei an ein *Fass* gedacht hat oder ob *fasa* etwas mit *faseln*, also dummes Zeug reden, zu tun hat, ist ungewiss. Andere sehen eine Verbindung zu den mittelhochdeutschen Wörtern *vasen* (sich fortpflanzen) oder *vaselen* (gedeihen, fruchten). Ihrer Meinung nach gehen die heutigen Fastnachtfeiern auf alte ländliche Frühlingsfeste und Fruchtbarkeitskulte zurück.

Das Begriff *Fasching* kommt vermutlich von *vastschanc*, in verkürzter Form *vaschang*, also vom Fastenschank her, dem letzten Ausschank alkoholischer Getränke vor dem mitternächtlichen Anbruch des Aschermittwoch.

Aber wie dem auch sei: Wichtig ist, dass die tollen Tage Spaß machen. Da kann man sich verkleiden und schminken und endlich einmal in die Rolle schlüpfen, die man schon immer spielen wollte. Da darf man Unsinn machen und Unfug treiben, Witze erzählen und lachen, lustige Geschichten erfinden oder Spottreden halten auf die, denen man es schon immer einmal zeigen wollte. Die Welt wird auf den Kopf gestellt, denn die fröhliche Ausgelassenheit bricht dem Ernst des Lebens für einige Tage die Spitze.

Ein halber Trick

Es war einmal ein großer Zauberer, der hatte einen Sohn. Der große Zauberer hieß Simsalo, sein Sohn hieß Simsalino. Und jeden Abend, wenn der Vater auf der Bühne tolle Zaubertricks vorführte, stand sein Sohn hinter einem Vorhang und schaute zu. Wenn die Zuschauer dann begeistert Beifall klatschten, wünschte sich der kleine Simsalino, er würde vorne stehen und den Beifall bekommen. Deswegen bat er seinen Vater jeden Abend nach der Vorstellung:

»Lass mich doch auch mal zaubern, Papa, bitte, bitte!«

»Du bist noch viel zu jung, um vor Publikum aufzutreten«, sagte der große Simsalo jedes Mal.

»Stimmt ja gar nicht«, entgegnete Simsalino. »Ich kann schon richtig zaubern.«

»Vor deinen Freunden vielleicht und auf Kindergeburtstagen, aber nicht auf einer Bühne vor Publikum.« Damit war das Thema für ihn erledigt. Aber nicht für Simsalino. Der lernte und übte und übte und lernte, bis er viele Zaubertricks beherrschte. Trotzdem erlaubte ihm sein Vater nicht, vor dem Publikum auf der Bühne zu zaubern. Da trat Simsalino eines Abends während der Vorstellung hinter dem Vorhang hervor, stellte sich neben seinen Vater und verbeugte sich. Die Leute dachten, das gehöre zum Programm und klatschten.

»Was willst du hier?«, zischte der große Simsalo zwischen den Zähnen.

»Zaubern«, antwortete der kleine Simsalino und verbeugte sich noch einmal.

»Na warte!«, drohte der Vater. Aber damit die Leute nichts merkten, tat er freundlich und sagte: »Darf ich Ihnen meinen Sohn vorstellen, den kleinen Simsalino.« Er zeigte mit der Hand auf seinen Sohn. Der verbeugte sich zum dritten Mal, und wieder klatschten die Leute.

»Mein Sohn möchte unbedingt Zauberer werden«,

fuhr der der große Simsalo fort. »Erlauben Sie ihm, dass er Ihnen ein kleines Zauberkunststück vorführt?«

Der Beifall beantwortete die Frage.

Der große Simsalo trat neben seinen Sohn und flüsterte ihm ins Ohr: »Wehe, du blamierst mich, dann kannst du was erleben!«

»Keine Angst!«, sagte Simsalino, holte seinen Zauberstab aus der Tasche und murmelte einen Zauberspruch: »Simsalu und Simsalo, einmal klappt es sowieso. Hurzi, Schnurzi, Krötenbein, der große Simsalo wird ganz klein!«

Gleichzeitig tippte er seinem Vater mit dem Zauberstab auf die Nasenspitze – und schwupp war der große Simsalo so klein wie ein Daumen. Einen Augenblick herrschte atemlose Stille. Dann klatschten die Leute begeistert Beifall.

»Bravo! Bravo!«, wurde gerufen.

»Was soll das?«, rief der winzigkleine große Simsalo zum riesengroßen kleinen Simsalino hinauf. »Mach mich sofort wieder groß!«

»Geht nicht«, sagte er. »Ich habe bisher nur gelernt, jemanden klein zu zaubern. Aber das hat doch prima geklappt, und ich habe dich nicht blamiert. Das musst du zugeben.«

MANFRED MAI

Kinderfaschingsnachmittag

Die Kinder treffen sich verkleidet, geschminkt oder mit Maske. Alternativ dazu können die Kinder am Festnachmittag von einigen Müttern, Vätern oder älteren Geschwistern geschminkt werden oder sich Masken basteln. Spaß macht es auch, aus einem Vorrat alter Kleider, Hüte, Gürtel und Schuhen etwas herauszusuchen und sich fantasievoll zu kostümieren. Girlanden und Luftschlangen dürfen natürlich auch nicht fehlen.

Besonders lustig ist es, wenn man sich ein Motto ausgedacht hat, zum Beispiel Zauberer, Karneval der Tiere, Kinder aus aller Welt, am Königshof, bunte Märchenwelt, Mäusefest.

> Tipp:
> Ein fröhlicher Kinderfaschingsnachmittag ist schnell organisiert und für Kinder eine richtige Kreativitätsoase.

 Wir basteln Masken

➔ Die einfachste Art, eine Maske herzustellen, ist, aus Papptellern Nase, Mund und Augen auszuschneiden und den Teller lustig zu bemalen. Rechts und links wird jeweils ein Loch gestanzt, durch das ein Gummiband gezogen wird, das hinter den Ohren sitzen soll.

 **Mutzemandeln – ein typisch rheinländisches Karnevalsgebäck**

➔ **Zutaten:**
100 g Butter, 100 g Zucker, 4 Eier, 400g Mehl, 3 EL Sauerrahm, 1/3 Paket Backpulver, 1 TL abgeriebene Zitronenschale, 1 Prise Salz

➔ **Zubereitung:**
Butter und Zucker schaumig rühren. Salz und Zitronenschale und nach und nach die Eier und den Sauerrahm unterrühren. Das Backpulver unter das Mehl mischen, dazugeben und alles zu einem glatten Teig verarbeiten. Das Öl (oder anderes Fett zum Frittieren) auf 180 Grad erhitzen. Aus dem Teig mit einem Teelöffel mandelförmige Klöße abstechen und sofort im heißen Fett backen. Mit dem Schaumlöffel herausnehmen, auf Küchenpapier abtropfen lassen und mit Zucker und Zimt bestreuen.

Guten Tag, Kaliméra, wir winken uns zu.
Guten Tag, Merhaba, erst ich und dann du.
Wir spielen und tanzen und klatschen dazu,
Guten Tag, Dzień dobry, wir winken uns zu.

Guten Tag, Bon jour, wir sind alle da.
Guten Tag, Buon giorno, wir sind alle da.
Der Tim, der Christi, die Mira, ...
(alle Kinder nacheinander benennen)

Guten Tag, Buenos dias, wir sind alle da.

BRIGITTE VOM WEGE / MECHTHILD WESSEL

Der Text wird im Sprechgesang miteinander vorgetragen. (Wenn möglich: Kopien des Textes verteilen!) Im Anschluss daran wird überlegt, aus welchen Sprachen die Begrüßungen stammen.

Kakao und Krapfen sind jetzt das Richtige, und wer mag, kann auch schon seinen Lieblingswitz oder eine lustige Geschichte erzählen. Viel Spaß macht es Kindern übrigens, gemeinsam einen Erwachsenen schminken zu dürfen.

Spielideen
... übrigens nicht nur für Faschingsnachmittage!

Balltanz
Die Paare klemmen sich beim Tanzen einen Tennisball oder Luftballon zwischen die Stirn. Wem der Ball verlorengeht, der muss ausscheiden.

Luftballontanz
Jedes Kind bindet sich mit einem Band einen Luftballon an ein Fußgelenk und bewegt sich zur Musik im Raum. Dabei muss es versuchen, die Luftballons anderer Kinder zu zertreten. Wer seinen Luftballon bis zum Schluss »retten« kann, hat gewonnen.

Zeitungstanz
Jeder Teilnehmer erhält die Seite einer Zeitung, auf der er tanzen soll, ohne den Fußboden zu berühren. Jedes Mal, wenn die Musik unterbrochen wird, muss die Zeitung durch Zusammenfalten halbiert werden. Auf einem Bein wird es zum Schluss recht schwierig!

Reime erfinden

Ein Kind sagt ein Wort. Dann wirft es einem anderen ein Wollknäuel oder einen kleinen Ball zu; dieses muss darauf schnell einen Reim bilden: z.B. Haus – Maus. Fällt dem Kind kein Reim ein, muss es ausscheiden. Ansonsten darf es ein neues Wort sagen und einem anderen Kind das Knäuel zuwerfen.

Ich reise nach ...

Der Spielleiter ruft ein Kind auf und sagt beispielsweise: Ich reise nach München. Während er langsam bis zehn zählt, muss das Kind drei Sachen nennen, die der Spielleiter dort einkaufen kann. Sie müssen alle mit dem ersten Buchstaben des Reiseziels beginnen, also z.B. »Muscheln, Marmelade, Mantel«. Bei einem Versprecher tritt das Kind an die Stelle des Spielleiters.

Knöpfe sortieren

Aus den meistens im Nähkästchen vorhandenen alten Knöpfen wird eine Reihe von jeweils zwei gleichen herausgesucht. Es werden zwei Gruppen gebildet. Mit verbundenen Augen muss ein Kind die Knöpfe paarweise sortieren. Dabei wird die Zeit gestoppt und notiert. Dann ist ein Kind aus der anderen Gruppe dran. Die Gruppe, die insgesamt die kürzeste Zeit zum Sortieren gebraucht braucht, hat gewonnen.
Für ältere Kinder kann man die Aufgabe dadurch erschweren, dass sie die Knöpfe (oder ein Paar) zusätzlich blind auf einen Stoffrest nähen müssen.

Gegenstände merken

Auf dem Tisch werden Gegenständen ausgelegt, wie z.B. Mütze, Kamm, Sonnenbrille, Kerze, Schlüssel, Löffel, Puppe, Teddybär, Flasche, Buntstift, Handy, Buch, CD, Postkarte, Marmeladenglas. Die Kinder werden aufgefordert, sich die Gegenstände gut zu merken. Ein Kind geht vor die Tür; währenddessen wird einer der Gegenstände entfernt. Das Kind wird hereingerufen und soll sagen, welcher Gegenstand fehlt. Für die nächsten Kinder werden immer wieder einige der Gegenstände gegen andere ausgetauscht, damit sie sich jedes Mal eine neue Sammlung einprägen müssen.

Tipp:
Ein Abendessen mit Pommes und Würstchen ist der perfekte Abschluss des Faschingsnachmittags.

Die Fastenzeit

Kommt das närrische Treiben an Rosenmontag und Faschingsdienstag zu seinem Höhepunkt, so stimmt der Aschermittwoch gleich eine ganz andere Tonart an. Die Fastenzeit beginnt, und von Aschermittwoch bis Ostern stehen Besinnung, Umkehr und der Blick auf die Passion, den Leidensweg Jesu Christi, im Mittelpunkt.

Die Bezeichnung »Aschermittwoch« geht auf den seit dem 11. Jahrhundert nachgewiesenen kirchlichen Brauch zurück, den Gläubigen zu Beginn dieses Tages ein Aschenkreuz auf Stirn oder Scheitel zu zeichnen. Dazu verwendet man die Asche von den geweihten und verbrannten Palmblättern des Palmsonntags vom Vorjahr. Während der Fastenzeit hatten die Büßer die Gelegenheit, sich mit Fasten, Beten und guten Werken auf ihre Wiederaufnahme in die kirchliche Gemeinschaft am Gründonnerstag vorzubereiten. Asche ist ein Symbol der Nichtigkeit und Vergänglichkeit des Menschen – im Buch Genesis lesen wir zum Beispiel: »Von Staub bist du und zu Staub sollst werden«. Daher wird sie als Zeichen der Buße und der Umkehr verstanden. Der Brauch des Aschenkreuzes hat sich in der katholischen Kirche bis in die Gegenwart gehalten. Der Aschermittwoch war früher ein strenger Fasttag. Nach der Messe gab es oft nur trockenes Brot, mittags eine einfache Suppe, ein Pilz-, Bohnen- oder Kartoffelgericht. Wer es ganz streng mit dem Fasten nahm, verzichtete bis zum Abend auf Speisen. Die traditionelle Fastenspeise am Aschermittwoch ist heutzutage ein Fischgericht.

Es geht auch mal ohne

Aber nicht nur am Aschermittwoch wurde gefastet. Katholische Christen haben früher die ganzen sieben Wochen über, den Sonntag als Gedächtnistag an die Auferstehung Christi ausgenommen, auf fleischliche Nahrung von Landtieren verzichtet. Dazu gehörten auch Tierprodukte wie Eier, Sahne, Käse und Milch. Nur Fische durften gegessen werden, daneben Erzeugnisse aus Getreide wie Brot oder Pfannkuchen, Gemüse und Salate.

Heutzutage essen katholische Christen in der Fastenzeit mittwochs und freitags eher kein Fleisch, weil diese Wochentage an den Aschermittwoch und den Karfreitag erinnern. Von daher hat es sich in vielen Haushalten – vor allem am Freitag – eingebürgert, ein Fischgericht auf den Tisch zu bringen.

In der evangelischen Kirche gibt es keine Fastenvorschriften. Das kommt daher, dass der Reformator Martin Luther das Fasten als eine Leistung verstand, um von Gott geliebt zu werden. Martin Luther meint dagegen, dass Christen allein aufgrund ihres Glaubens von Gott angenommen werden und infolge der erfahrenen Liebe Gottes diese Liebe auch an andere Menschen weitergeben.

Seit 1983 gibt es die Fastenaktion »Sieben Wochen ohne«, an der sich Christen aller Konfessionen sowie Menschen ohne Religionszugehörigkeit beteiligen. In jedem Jahr wird ein anderer Vorschlag gemacht, auf was man verzichten sollte, wie z.B. auf Süßigkeiten, Fernsehen, Autofahren, Nikotin, Alkohol oder fertig abgepackte Waren, um nicht so viel Müll zu produzieren. Aber auch ungewöhnliche Dinge wie der Verzicht auf Ausreden oder auf Unentschlossenheit kommen in den Blick.

Man kann in der Familie besprechen, ob man gemeinsam an solch einer Fastenaktion teilnehmen möchte, sofern das entsprechende Projekt auch für Kinder geeignet ist. Oder man macht familienintern etwas aus, auf das alle verzichten (z.B. Fernsehen, Kinobesuche, Fast-Food oder Süßigkeiten).

Verzichten, sich einschränken, das klingt zunächst sehr negativ. Aber es kann ein großer Gewinn für das Leben sein:

◎ man lernt die alltäglichen Dinge neu zu schätzen

◎ man gewinnt, gerade was das Fernsehen betrifft, viel Zeit, die man mit Gesprächen, Spielen oder Einladungen an Freundinnen und Freunde füllen kann, so dass der Kontakt untereinander gestärkt wird

◎ man kann gegebenenfalls eingespartes Geld einem Hilfsprojekt zukommen lassen, das man miteinander abspricht

Fragen an meine Lebensgestaltung

Wovon fühle ich mich abhängig, ohne »was« oder »wen« glaube ich nicht leben zu können?

Welche »lieben Gewohnheiten« würde ich gern aufgeben, weil sie mich unfrei machen?

Welche menschlichen Beziehungen binden all meine Kräfte, weil ich mich ganz an sie ausliefere?

Welche Gründe hindern mich daran, mein Leben anders einzurichten und mehr auf mich selbst zu achten?

Wie möchte ich gerne leben, um mehr und mehr das Gefühl von Selbstbestimmung zu gewinnen?

CHRISTA SPILLING-NÖKER

Sich auf Gottes Wort einlassen: der heilige Josef

Josef war der Mann von Maria, der Mutter Jesu. Er folgte Gottes Weisungen und beschützte Maria und Jesus vor Gefahren. König Herodes hatte ja davon gehört, dass in Betlehem ein neuer König geboren worden sein sollte. Aus Angst davor, seine Macht zu verlieren, befahl er, alle neugeborenen Jungen umbringen zu lassen. Im Traum erschien Josef ein Engel, der ihn dazu aufforderte, mit Maria und Jesus nach Ägypten zu fliehen. Josef erschrak über diese Botschaft, brach aber noch in der Nacht mit Frau und Kind auf, um sie heil und sicher nach Ägypten zu bringen. Dort blieben sie bis zum Tod des Herodes.

Aufgrund seiner treuen Sorge um Maria und Jesus wird Josef als besonderer Schutzpatron der Kirche verehrt.

Die Karwoche

Die Karwoche ist die letzte Woche der Fastenzeit. Der Begriff »kar« kommt aus dem Althochdeutschen und bedeutet Klage, Kummer, Trauer. Man denkt in dieser Heiligen oder auch Stillen Woche in besonderer Weise an das Leiden und Sterben Jesu. Die Karwoche beginnt mit dem Gedächtnis an den Einzug Jesu in Jerusalem am Palmsonntag und endet am Karsamstag mit der Feier der Osternacht.

Palmsonntag

Der Palmsonntag ist der letzte Sonntag vor Ostern. Sein Name geht auf einen Brauch in Jerusalem zurück, wo man seit 400 n. Chr. eine Prozession von Betanien aus bis nach Jerusalem durchführt. Dort zog Jesus, den Evangelienberichten zufolge, auf einem Esel in die Stadt ein. Die Menschen dort jubelten ihm zu und breiteten Palmzweige auf seinem Weg aus.

Dieser Brauch der Palmprozessionen wurde im 11./12. Jahrhundert von der katholischen Kirche übernommen. Da man in Deutschland keine Palmen zur Verfügung hat, dienen andere grüne Zweige wie zum Beispiel Weidenkätzchen, Haselzweige, Buchsbaum, Tanne oder Stechpalmen als Ersatz.

Ein ebenfalls alter Brauch ist es, Palmstöcke bzw. Palmbuschen zu binden. Vielerorts lebt diese alte Sitte heute wieder auf.

Was die Bibel uns über Palmsonntag erzählt

Als Jesus und die Jünger sich Jerusalem näherten und nach Betfage am Ölberg kamen, sandte Jesus zwei Jünger voraus. Er sagte zu ihnen: Geht in das Dorf, das vor euch liegt, und gleich werdet ihr eine Eselin angebunden finden und ein Fohlen bei ihr. Bindet sie los und bringt sie mir. Und wenn jemand etwas zu euch sagt, so antwortet: Der Herr braucht sie. Dann wird er sie sogleich freigeben. Dies ist geschehen, damit sich das Wort des Propheten erfüllte:
Sagt der Tochter Zion: Sieh, dein König kommt zu dir; er ist sanftmütig und reitet auf einer Eselin / und auf einem Fohlen, dem Jungen eines Lasttiers.

Die Jünger gingen und taten, wie Jesus ihnen aufgetragen hatte. Sie brachten die Eselin und das Fohlen, legten ihre Mäntel darüber, und er setzte sich darauf. Eine sehr große Volksmenge breitete ihre Kleider auf den Weg aus, andere hieben Zweige von den Bäumen und streuten sie auf den Weg. Die Scharen aber, die ihm vorausgingen und nachfolgten, riefen: *Hosanna dem Sohn Davids! Gepriesen sei er, der kommt im Namen des Herrn! Hosanna in der Höhe!* Als er in Jerusalem einzog, kam die ganze Stadt in Bewegung und fragte: Wer ist das? Die Scharen antworteten: Das ist der Prophet, Jesus aus Nazaret in Galiläa.

MATTHÄUSEVANGELIUM 21,1–10

 Einen Palmstock binden

➡ **Was wir brauchen:**
- ◎ einen Holzstock
- ◎ Zweige von Haselnuss, Buchsbaum, Wacholder, Tanne oder Birke
- ◎ bunte Bänder
- ◎ Blumendraht
- ◎ evtl. Plastikeier

➡ **Wie es geht:**
Die Zweige werden zu einem Strauß zusammengefügt und mit Blumendraht an den Holzstock gebunden. Danach werden die bunten Bänder darum verschlungen. Wer mag, kann nach alter Tradition auch Eier, Äpfel oder Brezeln an den Palmstock binden.

Gründonnerstag

Als Gründonnerstag wird seit dem 12. Jahrhundert der Donnerstag vor dem Karfreitag bezeichnet. Anfangs hatte dieser Tag mit der Farbe Grün gar nichts zu tun. Er hieß ursprünglich Greindonnerstag, weil seine Bezeichnung auf die mittelhochdeutschen Wörter gronan, grinen und greinen (klagen, weinen) zurückgeht. An diesem Tag wurden die Büßer, die Klagenden und Weinenden, die am Aschermittwoch aus der Kirchengemeinschaft ausgeschlossen worden waren, wieder in die Gemeinde aufgenommen und damit zum Abendmahl zugelassen. Das Weinen und Klagen kann sich aber auch auf die Trauer Gottes über die bevorstehende Kreuzigung seines Sohnes beziehen.

Der Begriff »Greindonnerstag« hat sich im Laufe der Zeit vermutlich zu Gründonnerstag verschliffen. Die Pfarrer trugen früher in den Gottesdiensten entsprechend grüne Gewänder. Anderen Deutungen nach knüpft die Farbe Grün an die Hoffnung auf den kommenden Frühling und das Erwachen der Natur an. So hat man in dieser Jahreszeit von jeher etwas Grünes gegessen.

Bekannt sind zum Beispiel auch heute nach die sogenannten Gründonnerstagssuppen, die aus frischen Kräutern hergestellt werden und von daher eine grüne Farbe haben.

 **Gründonnerstagssuppe**
Rezept für 4 Personen als Vorspeise. Zur Sättigung ist das Rezept zu vervielfachen.

▣ **Zutaten:**
2 Schalotten (oder eine größere Zwiebel), 1 Knoblauchzehe, 400 g mehlig kochende Kartoffeln, 400 ml Gemüsefond, 1 EL Butterschmalz, 150–200 ml Sahne, Pfeffer, Salz, 1/2 Zitrone, frische Kräuter

▣ **Zubereitung:**
Die Schalotten und die Knoblauchzehe enthäuten, in kleine Würfel schneiden und in dem erhitzen Butterschmalz glasig dünsten.
Die Kartoffeln schälen, grob würfeln und zu der Zwiebel und dem Knoblauch in den Topf geben. Alles umrühren und mit dem Gemüsefond ablöschen. Die Kartoffeln ca. 15 Minuten kochen, bis sie weich sind. Dann die Sahne dazugeben, etwas einreduzieren und anschließend pürieren. Die Kräuter waschen und klein hacken und zu der Suppe geben. Alles mit Salz, Pfeffer und evtl. einem Spritzer Zitronensaft abschmecken.

Das Passahfest der Juden – und das Letzte Abendmahl

In jedem Jahr feiern die Juden bis heute das Passahfest. In dessen Mittelpunkt stehen das Passahlamm sowie ungesäuertes Brot, Wein, bittere Kräuter und Salzwasser zur Erinnerung an die bitteren und tränenreichen Zeiten in der Versklavung des Volkes in Ägypten. Gott hat sein Volk aus dieser Knechtschaft befreit – das ist der Inhalt des Passahfestes, und das feierte auch Jesus mit seinen Jüngern. Im Ersten Korintherbrief berichtet uns die Bibel: Am Abend des Festtages setzte sich Jesus mit seinen Jüngern zusammen, um eben dieses Fest mit ihnen zu feiern. Als er das ungesäuerte Brot nahm, sprach er das Dankgebet, »brach es und sagte: Das ist mein Leib für euch. Tut dies zu meinem Gedächtnis! Ebenso nahm er nach dem Mahl den Becher und sprach: Dieser Becher ist der Neue Bund in meinem Blut. Tut dies, sooft ihr daraus trinkt, zu meinem Gedächtnis!« (1 Korinther 11, 24.25)

In der Nacht nach dem Passahmahl ging Jesus mit seinen Jüngern in den Garten Gethsemane. Er wusste, was ihn in den kommenden Stunden erwarten würde. Er bat seine Jünger, wach zu bleiben , während er alleine beten wollte. Doch die Jünger schliefen ein, bis die Soldaten kamen und der Jünger Judas Jesus mit einem Kuss an sie verriet. Daraufhin wurde Jesus festgenommen und zum römischen Statthalter Pilatus gebracht.

Auch heute feiern die Christen in den Gottesdiensten am Abend des Gründonnerstags die Einsetzung des Abendmahls, der Eucharistie. Nach dem Gloria verstummen die Glocken bis zum Ostersonntag. Daraus hat sich die Redewendung entwickelt: Die Glocken fliegen nach Rom.

Bleibet hier und wachet mit mir

Blei-bet hier und wa-chet mit mir. Wa-chet und be-tet, wa-chet und be-tet.

MUSIK: JACQUES BERTHIER (1923–1994)
© ATELIERS ET PRESSES DE TAIZÉ, F-71250 TAIZÉ-COMMUNAUTÉ

Die Fußwaschung

Im Johannesevangelium wird darüber hinaus berichtet, dass Jesus seinen Jüngern vor dem gemeinsamen Mahl die Füße wusch. Damit hat er ein Zeichen gesetzt: Keiner möge sich über einen anderen erheben und meinen, dass er aus irgendwelchen Gründen besser oder gar wertvoller sei als ein anderer Mensch. Vor Gott sind alle Menschen gleich – und in der Gestaltung des Zusammenlebens soll einer dem anderen dienen, ihm also helfen und in schwierigen Situationen beistehen.

Karfreitag

Der Todestag Jesu ist ein wichtiger christlicher Feiertag, in der evangelischen Kirche sogar der bedeutendste Feiertag im Jahr. Am Vormittag sowie um 15 Uhr zur Todesstunde und manchmal auch um 18 Uhr zur Grablegung werden Gottesdienste gefeiert, in denen an das Leiden und Sterben Jesu erinnert wird.

Das Kreuz Jesu Christi weist uns darauf hin, dass die leidenschaftliche Hingabefähigkeit der Liebe grenzenlos ist. Im Blick auf das Kreuz dürfen wir voller Hoffnung sein, dass es nichts mehr gibt, was tödliche Macht über uns hat, was uns um unser Leben bringen könnte. Diese Zuversicht treibt uns zu einem liebevollen und leidenschaftlichen Leben und steckt andere mit dem Feuer der Liebe an.

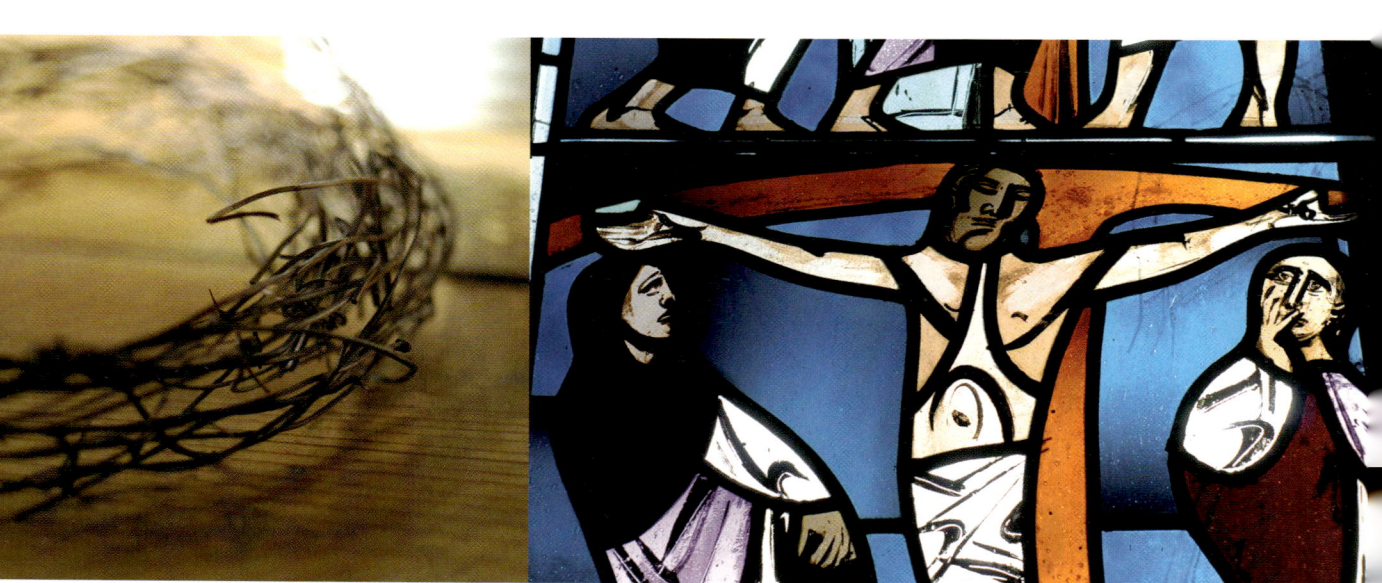

Der Kreuzweg

Früher konnten nicht alle Menschen lesen. Da es der Kirche aber wichtig war, möglichst vielen Menschen die Botschaft der Bibel zugänglich zu machen, wurden zahlreiche Geschichten aus dem Alten und dem Neuen Testament gemalt oder geformt und auf diese Weise veranschaulicht. Seit dem 15. Jahrhundert wurden die Leiden Jesu in sieben Stationen, seit dem 18. Jahrhundert in vierzehn oder fünfzehn Stationen dargestellt. Biblische Texte wurden durch Erzählungen aus der Volksfrömmigkeit erweitert. In katholischen Gegenden wurden solche Kreuzwege oft zu Wanderwegen. Aber auch in katholischen Kirchen und Kapellen gehören die Kreuzwegbilder zum Kirchenraum dazu.

In der Karwoche oder aber am Karfreitag, dem Tag der Kreuzigung Jesu, beten viele Gemeinden den Kreuzweg. Wenn wir uns das Leiden Jesu vor Augen halten, fallen uns auch eigene schmerzhafte und bittere Erfahrungen ein, die wir im Laufe unseres Lebens gemacht haben.

1. Station: Jesus wird zum Tod verurteilt

Jesus wird zu Pilatus, dem Statthalter der Römer in Jerusalem, gebracht. Der hat dort sehr viel Macht und kann von daher auch einen Menschen zum Tod verurteilen. Aber Pilatus kann an Jesus keine Schuld entdecken. Doch die Hohenpriester hetzen die Menschen auf, bis alle schreien: »Kreuzigt ihn!« Schließlich gibt Pilatus dem Druck der Menge nach. Es heißt, er wusch seine Hände in Unschuld, da er von Jesu Schuld nicht überzeugt war. Dennoch lässt er Jesus foltern und liefert ihn den Soldaten zur Kreuzigung aus.

Manchmal sind auch wir feige. Wir trauen uns nicht, die Wahrheit zu sagen, weil wir fürchten, bestraft, ausgelacht oder von anderen ausgegrenzt zu werden. Ebenso schlimm ist es aber, wenn ein anderer Mensch aufgrund unserer Feigheit leiden muss. Mögen wir mutig sein und unseren Mund rechtzeitig aufmachen.

2. Station: Jesus nimmt das Kreuz auf sich

Die Soldaten schlagen auf Jesus ein. Sie legen ihm einen roten Mantel um, wie ihn Könige tragen, setzen ihm eine Dornenkrone auf und verspotten ihn. Danach nehmen sie ihm den Mantel wieder ab. Obwohl Jesus blutet und schreckliche Schmerzen hat, verlangen sie von ihm, dass er sein Kreuz selbst bis zum Hinrichtungsort Golgata tragen soll.

Machen wir uns auch schon einmal über einen Schwächeren lustig? Warum? Weil wir uns stark fühlen wollen? Wie mag sich der Gedemütigte wohl fühlen? Und wie würde es uns ergehen, wenn andere uns verspotteten, uns erst hochleben und dann fallen lassen würden?

3. Station: Jesus fällt zum ersten Mal unter dem Kreuz

Jesus ist völlig entkräftet. Er bricht unter der Last des schweren Kreuzes zusammen. Doch er steht wieder auf und schleppt sein Kreuz weiter.

Manchmal wissen wir weder aus noch ein. Zu viele Probleme kommen gleichzeitig auf uns zu. Ihre Last scheint uns zu erdrücken. Doch wir hoffen, dass Gott uns die Kraft schenkt, wieder aufstehen und uns dem Leben neu stellen zu können.

4. Station: Jesus begegnet seiner Mutter

Maria muss mit ansehen, wie ihr Sohn leidet. Es bricht ihr das Herz. Aber sie ist stark. Sie bleibt bei ihm, damit er aus ihrer Liebe und Nähe Kraft schöpfen kann.

Es ist schrecklich, mit ansehen zu müssen, wenn Menschen, die wir lieb haben, leiden müssen und wir nichts dagegen tun können. Aber gerade dann, wenn Menschen schwer krank sind und im Sterben liegen, tut es ihnen gut, wenn wir ihre Nähe suchen, sie streicheln, vielleicht mit ihnen beten.

5. Station: Simon von Zyrene hilft Jesus das Kreuz tragen

Unterwegs greifen die Soldaten sich ganz willkürlich einen Mann aus der Menge. Es ist ein Bauer namens Simon aus Zyrene, der gerade von der Feldarbeit kommt. Die Soldaten zwingen ihn, Jesu Kreuz zu tragen.

Manchmal werden wir gebraucht, um anderen Menschen zu helfen, ihr »Kreuz zu tragen«, ob wir nun gerade Zeit und Lust dazu haben oder nicht.

6. Station: Veronika reicht Jesus das Schweißtuch

Am Wegesrand steht eine Frau. Aus tiefem Mitgefühl heraus reicht sie Jesus ein Tuch, mit dem er sich den Schweiß und das Blut aus dem Gesicht wischen kann. Als er es ihr zurückgibt, bleibt ein Abdruck von seinem Gesicht in dem Tuch haften.

Leid sehen und spontan handeln. Geben, was wir gerade können, um Schmerzen zu lindern. In jedem Menschen, der leidet, sieht uns Jesus Christus an und fragt: Was hast du getan, um mir in meiner Not beizustehen?

7. Station: Jesus fällt zum zweiten Mal unter dem Kreuz
Jesus ist völlig entkräftet und bricht erneut zusammen.
Gerade meinen wir, unsere Probleme wieder im Griff zu
haben, da erreicht uns eine neue Schreckensmeldung.
Wir brauchen die Hilfe von anderen Menschen, um wieder
auf die Beine kommen.

8. Station: Jesus begegnet den weinenden Frauen
Am Kreuzweg stehen auch viele
Frauen. Sie weinen. Einigen von
ihnen hatte Jesus geholfen. Sie
können nicht verstehen, warum
Jesus sterben muss. Er hat doch so viel Gutes getan.

Es gibt Erfahrungen, gegen die wir uns auflehnen. Oft haben sie
mit dem Tod zu tun. Wir klagen zum Beispiel: »Warum ist meine
Freundin unheilbar krank?« »Warum muss die Großmutter schon
sterben?« Sie haben doch nichts Böses getan. Auf diese Fragen
kann uns niemand eine Antwort geben. Wir können nur hoffen,
dass die Tränen uns vorübergehend Erleichterung verschaffen
und die Zeit unsere Schmerzen abklingen lässt.

9. Station: Jesus fällt zum dritten Mal unter dem Kreuz
Jesus ist am Ende mit seiner Kraft. Er kann nicht mehr. Er stürzt noch einmal zu Boden.
Jetzt bin ich wirklich gescheitert. Ich kann nicht mehr. Wir beten und bitten und
hoffen – aber die Verzweiflung bleibt. Sie bleibt lange. Aber wenn wir sie aushalten,
wird sie eines Tages vorübergehen. Wir werden einen Weg für uns finden.

10. Station: Jesus wird seiner Kleider beraubt
Der Zug ist in Golgata, was übersetzt »Schädel-
stätte« heißt, angekommen. Eine große Men-
schenmenge hat sich dort versammelt, um den
Hinrichtungen zuzusehen. Die Soldaten reißen Jesus die Kleider vom Leib. Sie würfeln darum, wer was bekommen soll, noch bevor Jesus
gestorben ist.

Wie steht es um uns? Gehören wir auch zu den
Schaulustigen, zum Beispiel auf der Autobahn,
wenn in der Gegenrichtung ein schwerer Unfall
passiert ist? Möchten wir denn angestarrt
werden, wenn wir selbst verletzt im Straßen-
graben liegen?

11. Station: Jesus wird ans Kreuz geschlagen

Jesus wird auf das Kreuz gelegt. Seine Hände und Füße werden mit Nägeln durchbohrt. Trotz der unendlichen Qual, die er erleidet, bringt er es fertig, für seine Peiniger zu beten: »Gott vergib ihnen, denn sie wissen nicht, was sie tun.«

Hand aufs Herz: Können wir vergeben? Oder möchten wir uns im Grunde genommen lieber für die erlittenen Kränkungen rächen? Vergebung ist einer der bedeutendsten christlichen Grundgedanken. Gott vergibt uns unsere Fehler und schlechten Taten, damit wir auch anderen vergeben können. Es lohnt sich, darüber immer wieder einmal neu nachzudenken.

12. Station: Jesus wird am Kreuz erhöht und stirbt

Bevor Jesus stirbt, sieht er seine Mutter und seinen Lieblingsjünger Johannes an. Er sagt zu seiner Mutter: »Maria, das ist dein Sohn.« Und zu Johannes: »Das ist deine Mutter.« Er verweist die beiden Menschen, die wohl am schmerzlichsten um ihn trauern, aneinander. Sie sollen in Zukunft füreinander da sein.

Wenn wir einen lieben Menschen verlieren, tut es uns gut, wenn wir jemanden finden, mit dem wir unsere Trauer teilen können. Niemand kann einen geliebten Menschen ersetzen. Aber wir können einander in die Arme nehmen und uns gegenseitig trösten und beistehen.

13. Station: Jesus wird vom Kreuz herabgenommen und in den Schoß seiner Mutter gelegt

Noch einmal darf Maria ihrem toten Sohn nahe sein. Ihn in ihre Arme nehmen. Ihn in ihrem Schoß bergen.

Menschen gehen unterschiedlich mit dem Tod naher Angehöriger um. Manche setzen sich zu dem Verstorbenen, sprechen noch mit ihm, halten Totenwache, zünden Kerzen an und beten. Wichtig ist, das Ritual zu finden, das für einen selbst stimmt, um sich von dem Verstorbenen zu verabschieden.

14. Station: Jesus wird in ein Grab gelegt

Ein wohlhabender und frommer Mann ist er wohl gewesen, der Joseph von Arimathäa, der Jesus würdevoll begraben lassen will. Dazu kauft er frisches Leinen und lässt den Leichnam zusammen mit Kräutern einwickeln, so wie es bei den Juden üblich war. In einem in den Fels geschlagenen neuen Höhlengrab lässt er Jesus beisetzen. Mit einem großen Stein wird das Grab verschlossen.

Jeder Mensch ist ein einmaliges Geschöpf Gottes. Deshalb liegt es in unserer Verantwortung, dass Menschen in Würde leben, in Würde alt werden, in Würde sterben und mit angemessener Andacht beerdigt werden.

O Haupt voll Blut und Wunden

1. O Haupt voll Blut und Wun - den, voll Schmerz und
o Haupt, zum Spott ge - bun - den mit ei - ner

vol - ler Hohn, o Haupt, sonst schön ge -
Dor - nen - kron,

krö - net mit höchs - ter Ehr und Zier, jetzt a - ber

frech ver - höh - net: ge - grü - ßet seist du mir.

2. Du edles Angesichte,
   vor dem sonst alle Welt
   erzittert im Gerichte,
   wie bist du so entstellt.
   Wie bist du so erbleichet,
   wer hat dein Augenlicht,
   dem sonst ein Licht nicht gleichet,
   so schändlich zugericht't?

3. Die Farbe deiner Wangen,
   der roten Lippen Pracht
   ist hin und ganz vergangen;
   des blassen Todes Macht
   hat alles hingenommen,
   hat alles hingerafft,
   und so bist du gekommen
   von deines Leibes Kraft.

TEXT: PAUL GERHARDT / MELODIE: HANS LEO HASSLER

Karfreitag in der Familie gestalten

⮕ Gemeinsam besuchen wir einen Gottedienst oder begehen einen Kreuzweg.

⮕ Aus vielen Mosaik- oder Kieselsteinen wird miteinander ein kunstvolles Kreuz gestaltet. Wenn es fertig ist, können alle davor eine Weile still sein und ein Karfreitagslied (z.B. »O Haupt voll Blut und Wunden«) singen.

Vor dem Kreuz liegt ein Stapel mit kleinen Zetteln oder Karteikarten. Jeder in der Familie kann sich einen oder mehrere Zettel nehmen und darauf schreiben, was ihm wehtut, Kummer macht, worunter er leidet. In aller Stille legt jeder seine Leidenszettel an das Kreuz. Miteinander kann man dann über die Sorgen, Ängste und Probleme, die genannt worden sind, reden. Kinder, die noch nicht schreiben können, dürfen natürlich malen. Alternativ oder ergänzend werden die Leiden anderer Menschen (Freundinnen und Freunde, Nachbarn, Großeltern usw.) aufgeschrieben und zum Kreuz gebracht.

Ostern feiern

Wo die Hoffnung aufleuchtet

Ostern – Fest der Auferstehung und des Lebens. Es wurde immer schon im Frühling gefeiert, und zwar stets am Sonntag nach dem ersten Vollmond nach Frühlingsanfang. Die Natur erwacht. In der Kirche erklingt die Orgel zu festlichen Liedern. »Der Herr ist auferstanden, Halleluja!« Das ist die Botschaft von Ostern: Durch Jesu Leben und Sterben dürfen wir erfahren, dass Gottes Liebe über den Tod hinauswächst. Immer da, wo wir Hoffnung, Freude, Liebe und Lebenslust erfahren, machen wir die Erfahrung, dass Gottes Licht heute schon in unser Leben hineinleuchtet. Da bricht neues Leben für uns an. Zum Zeichen für dieses himmlische Licht wird in den Osternachtgottesdiensten die große Osterkerze angezündet. Sie ist mit den aus rotem Wachs geschnittenen griechischen Buchstaben A und Ω verziert. Das bedeutet: Jesus Christus, Anfang und Ende. In den Gemeinden werden an dieser Osterkerze viele Kerzen angezündet, die die Gottesdienstbesucherinnen und -besucher mit nach Hause tragen. Damit die Kraft der Zuversicht, der Freude und der Liebe, die Grundkraft allen Lebens, uns daheim weiterleuchten kann. Aus diesem Grund stellen wir auch zum Osterfrühstück eine brennende Kerze auf den Tisch.

 Wir basteln eine Osterkerze

▶ **Was wir brauchen:**
- ◎ große weiße Kerze
- ◎ Wachsplatten in unterschiedlichen Farben
- ◎ feste Unterlagen (am besten alte Holzbrettchen)
- ◎ kleine Messer

▶ **Wie es geht:**
Wir überlegen uns Motive, mit denen wir die Kerze schmücken möchten – zum Beispiel Sonne, Fisch oder Blumen. Wer mag, kann die Kerze auch noch mit einer Jahreszahl versehen. Am besten zeichnen wir die Motive erst auf Papier vor und schneiden sie als Schablonen aus. Dann legen wir sie auf das Wachs und schneiden sie vorsichtig aus den handwarmen Wachsplatten aus. Zuletzt drücken wir sie fest auf die Kerze.

Was die Bibel über die Auferstehung Jesu erzählt

Als der Sabbat vorüber war, kauften Maria aus Magdala, Maria, die Mutter des Jacobus, und Salome wohlriechende Öle, um damit zum Grab zu gehen und Jesus zu salben. Am ersten Tag der Woche kamen sie in aller Frühe zum Grab, als eben die Sonne aufging. Sie sagten zueinander: Wer könnte uns den Stein vom Eingang des Grabes wegwälzen? Doch als sie hinblickten, sahen sie, dass der Stein schon weggewälzt war; er war sehr groß. Sie gingen in das Grab hinein und sahen auf der rechten Seite einen jungen Mann sitzen, der mit einem weißen Gewand bekleidet war; da erschraken sie sehr. Er aber sagte zu ihnen: Erschreckt nicht! Ihr sucht Jesus von Nazaret, den Gekreuzigten. Er ist auferstanden; er ist nicht hier. Seht, da ist die Stelle, wo man ihn hingelegt hatte. Nun aber geht und sagt seinen Jüngern, vor allem Petrus: Er geht euch voraus nach Galiläa; dort werdet ihr ihn sehen, wie er es euch gesagt hat. Da verließen sie das Grab und flohen; denn Schrecken und Entsetzen hatte sie gepackt. Und sie sagten niemand etwas davon; denn sie fürchteten sich.

MARKUSEVANGELIUM 16,1–8

Halleluja-Tanz

Wir sin-gen al-le hal-le-lu, hal-le-lu, hal-le-lu, wir sin-gen al-le hal-le-lu, hal-le-lu-ja.

Wir summen alle …
Wir schnipsen alle …
Wir klatschen alle …
Wir pfeifen alle …
Wir tanzen alle …

MELODIE: AUS FINNLAND

Manchmal feiern wir mitten am Tag

1. Manch - mal fei - ern wir mit - ten im Tag___ ein
Fest der Auf - er - ste - hung. Stun - den wer - den
ein - ge - schmol - zen, und ein Glück ist da. da.

2. Manchmal feiern wir mitten im Wort
   ein Fest der Auferstehung,
   Sätze werden aufgebrochen
   und ein Lied ist da.

3. Manchmal feiern wir mitten im Streit
   ein Fest der Auferstehung,
   Waffen werden umgeschmiedet
   und ein Friede ist da.

4. Manchmal feiern wir mitten im Tun
   ein Fest der Auferstehung,
   Sperren werden übersprungen
   und ein Geist ist da.

TEXT: ALOIS ALBRECHT / MUSIK: PETER JANSSENS
AUS: IHR SEID MEINE LIEDER, 1974
ALLE RECHTE IM PETER JANSSENS MUSIKVERLAG, TELGTE, WESTFALEN

Auferstehung

Manchmal stehen wir auf
Stehen wir zur Auferstehung auf
Mitten am Tage
Mit unserem lebendigen Haar
Mit unserer atmenden Haut.

Nur das Gewohnte ist um uns.
Keine Fata Morgana von Palmen
Mit weidenden Löwen
Und sanften Wölfen.

Die Weckuhren hören nicht auf zu ticken
Ihre Leuchtzeiger löschen nicht aus.

Und dennoch leicht
Und dennoch unverwundbar
Geordnet in geheimnisvolle Ordnung
Vorweggenommen in ein Haus aus Licht.

MARIE LUISE KASCHNITZ

Das Osterei

Dem Ei kommen unterschiedliche Bedeutungen zu. Schon bei den Frühlingsfesten vorchristlicher Kulte war es Symbol für die wieder erwachende Pflanzen- und Tierwelt. Im Christentum versinnbildlicht es die Auferstehung: So wie ein Küken die Schale zerbricht, um ans Leben zu kommen, hat Jesus Christus die Grabeshöhle aufgesprengt. Seit dem 13. Jahrhundert wurden die Eier traditionell rot eingefärbt; rot ist die Farbe des Blutes Christi, des Lebens, des Feuers und der Liebe – und steht daher auch für die brennende Liebeskraft des Heiligen Geistes. Zudem hatten sich dort, wo die Fastenzeit streng eingehalten worden war, in den letzten Wochen und Tagen vor Ostern zahlreiche Eier angesammelt. Deshalb wurden zu Ostern schon immer viele Eier und Eierspeisen gegessen. Im Laufe der Zeit hat man die Hühnereier mit vielen Sorten von Schokoladeneiern ergänzt.

 Ostereier in Farbe setzen

Ostereier lassen sich auf unterschiedliche Art und Weise färben, bemalen, bekleben oder anderweitig gestalten – der Fantasie sind keine Grenzen gesetzt. Grundsätzlich kann man die Eier als gekochte Eier gestalten; sie zieren dann den Frühstückstisch und schmecken obendrein noch. Für einen Osterstrauch empfiehlt es sich, die Eier vorher auszublasen. Dazu sticht man die Eier oben und unten vorsichtig mit einer Nadel an und erweitert vorsichtig das entstandene Loch mit einem Zahnstocher. Dann tief Luft holen und und das Innere des Eis in eine Schüssel pusten. Es kann für Rührei oder zum Kuchenbacken verwendet werden. Das hohle Ei mehrfach mit Wasser durchspülen, damit die Schale auch von innen ganz sauber wird.

Ein paar Tipps zum Färben der Eier mit Naturfarben:

- je wärmer die Eier sind, umso besser nehmen sie die Farbe an
- die Eier nehmen die Farbe besonders gut an, wenn man etwas Alaun oder Pottasche in die Farbbrühe gibt
- zum Färben sollte man einen alten Topf nehmen, da sich die Farbreste nicht immer ganz lösen. Optimal ist ein Emailletopf
- die fertigen Eier glänzen schön, wenn man sie mit etwas Salatöl einreibt und einem weichen Tuch poliert

◎ **Goldbraun mit Zwiebelschalen** (auf den Fotos zu sehen)**:** Zwei Handvoll Zwiebelschalen (braun oder rot) in 1 Liter Wasser zum Kochen bringen, die Eier in das heiße Wasser geben

◎ **Goldgelb mit Kurkuma:** 1 Liter Wasser zum Kochen bringen und darin 25 g Kurkumapulver auflösen, etwas abkühlen lassen und in ein stabiles Gefäß umfüllen. Die 5 Minuten lang gekochten Eier noch heiß in das gefärbte Wasser geben und so lange liegen lassen, bis einem die Gelbfarbe gefällt.

◎ **Lindgrün mit Mate-Tee:** 1 Liter Wasser aufkochen, 30 g Matetee dazugeben und einige Minuten ziehen lassen. Die wiederum 5 Minuten vorgekochten Eier noch heiß in das leicht abgekühlte Teebad legen und bis zur gewünschten Grünfärbung darin liegen lassen.

◎ **Blau mit Heidelbeeren:** 25 g Heidelbeeren (frisch oder aus dem Tiefkühlregal) in 1 Liter Wasser aufkochen und die Eier einige Minuten lang darin ziehen lassen.

Besonders interessant sehen die Eier aus, wenn man sie mit kleinen Blüten und Gräsern belegt, in einen alten Nylonstrumpf knotet und damit ins Farbwasser gibt. Die belegten Stellen bleiben dann heller oder gar weiß.

Collageneier

Wir können auch aus Geschenkpapierresten oder farbigem Seidenpapier kleine Stücke reißen und mit Klebstoff auf die Eier kleben. Dazu stellen wir die Eier in einen Eierbecher und bekleben erst die eine Hälfte – und wenn die getrocknet ist, die andere.

Das Osterlamm

Um mit menschlicher Schuld umzugehen, haben die Juden im Jerusalemer Tempel Lämmer geopfert. Jesus ist für die Menschen gestorben. In der christlichen Tradition wird er deshalb als das Lamm Gottes verstanden. An ihm können wir erkennen, dass grenzenlose Liebe heißen kann, sich ganz hinzugeben – bis zum Tod am Kreuz. Das ist der Grund, weshalb wir bis heute zu Ostern ein Lämmchen backen und ein Lammgericht zubereiten. Aber natürlich lebt darin auch die jüdische Tradition fort, am Passah-Fest ein Lamm zu essen.

Der Osterhase

Wer kennt ihn nicht – aber: wer hat ihn je gesehen? Die Legende, dass der Hase die Ostereier bringt, entstand im 17. Jahrhundert im Elsass. Sie hat sich aber erst im 19. Jahrhundert weitgehend durchgesetzt. Vor dem Hasen galten in unterschiedlichen Regionen Hahn, Storch, Fuchs oder Kuckuck als Eierbringer. Vermutlich hat sich der Hase ihnen gegenüber aufgrund seiner Fruchtbarkeit behauptet, die am ehesten dem Sinnbild des Frühlings entspricht. Diese Fruchtbarkeit ließ ihn zudem zum Sinnbild des Lebens werden, das den (Winter-) Tod überdauert. In dem Zusammenhang steht sicher auch, dass der Hase als Symbol der Auferstehung verstanden wurde, weil man meinte, dass er nicht schlafe, da er keine Augenlider hat.

Der tollpatschige Osterhase

Es war einmal ein kleiner tollpatschiger Osterhase. Dem fiel beim Oster-eiermalen immerzu der Pinsel hin, oder er tupfte mit der Nase oder mit den Ohren in die Farbe. So hatte er schließlich eine rote Nase, ein gelbes und ein grünes Ohr, ein blaues und ein weißes Bein und ein violettes Puschelschwänzchen. Alle anderen Osterhasen lachten, wenn sie ihn sahen: »Haha-ha, du hast ja ein gelbes Ohr« und so weiter. Zum Schluss fiel ihm der ganze Farbtopf um, und auf dem Boden gab es eine große Pfütze. »Ach, du liebe Zeit!«, rief der kleine Osterhase. Und dabei stieß er aus Versehen an einen Tisch, und alle Eier, die er schon angemalt hatte, und auch die, die er noch nicht angemalt hatte, fielen hinunter in die bunte Pfütze. Es war noch ein Glück, dass sie nicht kaputt gingen, denn der Waldboden war weich von Moos und von den Gräsern. Wieder lachten die anderen Hasen über den armen kleinen Tollpatsch, und der weinte eine Zeit lang. Aber als er anfing, die Eier wieder in seinen Korb einzusammeln, da sah er, dass sie in der bunten Farbpfütze ganz wunderschön geworden waren.

Auf manche Eier hatten sich kleine Gräser und Blumen gelegt, und an diesen Stellen waren sie weiß geblieben. Sonst sahen sie ganz bunt wie Regenbogen aus. Die anderen Hasen sahen, wie schön die Eier des kleinen Tollpatsches geworden waren. Da hörten sie schnell auf zu lachen und wurden ganz still. Auch die Kinder haben nachher zu Ostern am liebsten die schönen bunten Eier des tollpatschigen Osterhasen gegessen. Die Kinder suchten seine Eier im Wald. Sie freuten sich über die besonders schönen Regenbogenfarben und die Gräser und Blumen darauf. Da hat der kleine tollpatschige Osterhase hinter einem Busch gesessen und zugeschaut und hat leise gelacht.

HEINRICH HANNOVER

Osterspiele

Eierpicken

Ein richtiger Spielklassiker: Zwei Spieler nehmen jeweils ein hart gekochtes Ei und schlagen sie vorsichtig gegeneinander. Derjenige, dessen Ei unversehrt geblieben ist, hat gewonnen. Er bekommt nun auch das Ei von seinem Gegner. Wichtig: Es sollten nicht mehr Eier verwendet werden, als später auch gegessen werden können.

Eierlaufen

Jeder Mitspieler bekommt einen Löffel mit einem Holzei. Von einer Startlinie aus müssen alle Spieler auf Kommando bis zur Ziellinie laufen. Wer unterwegs sein Ei verliert, muss wieder von vorne anfangen. Sieger ist, wer als erster die Ziellinie mit seinem Ei auf dem Löffel überschritten hat.

Eierrollen

Alle Mitspieler erhalten ein Holzei, das sie einen Hügel oder ein schräg gestelltes Brett hinunterkullern lassen. Derjenige, dessen Ei am weitesten rollt, bekommt ein kleines Schokoladenei.

Rätselhaftes Ostermärchen

(nur mit »Ei« und »Eier« aufzulösen)

Der FrackverlOher HOnrich OstermOO kehrte am ersten
OsterfOOtage sehr betrunken hOm. SOne Frau, One
wohlbelObte klOne Dame betrieb in der KlOsterstraße
Onen OOrhandel. Sie empfing HOnrich mit den Worten:
»O O, mein Lieber!« DabO drohte sie ihm lächelnd mit
dem Finger. Herr OstermOO sagte: »Ich schwöre Onen
hOligen Od, dass ich nur ganz lOcht angehOtert bin.
Ich war bO Oner WOnachtsfOer des VerOns FrOgOstiger
FrackverlOher. Dort hat Ones der Mitglieder anlässlich
der Konfirmation sOner Tochter One Maibowle spendiert,
und da habe er dann sehr viel RhOnwOn auf das Wohl
des verehrten JubelgrOses trinken müssen, wOl man ja
nicht alle Tage zwOundneunzig Jahre alt wird.«
Frau OstermOO schenkte diesen Beteuerungen kOnen
Glauben, sondern sagte nochmals: »O O, mOn Lieber!«
Worauf ihr PapagO die ersten zwO Worte » O O« wohl
drOßigmal laut wiederholte. Über das GeschrO des
PapagOs geriet HOnrich in solche Wut, dass er On BOl
ergriff und sämtliche OO zerschlug. Frau OstermOO
wurde krOdeblOch und lief, triefend von Ogelb, zur
PolizO. Ihr Mann aber ließ sich erschöpft auf Onen Stuhl
nieder und wOnte lOse vor sich hin. Bis ihm der PapagO
von oben herab On OsterO in den Schoß warf.
Da war alles vorbO.

JOACHIM RINGELNATZ

Vom großen Blühen

Der Winter ist vorüber, Tulpen und Narzissen blühen um die Wette, das Leben ist in die Natur zurückgekehrt. Was wir in den Gärten freudig bestaunen dürfen, geschieht auch in der eigenen Seele. So manches von dem, was in uns erfroren zu sein schien, taut wieder auf, was wir für abgestorben gehalten haben, beginnt sich auf wundersame Weise wieder neu zu entfalten. Allen schmerzhaften Erfahrungen der Vergangenheit können wir trotzig entgegenrufen: »Ich lebe noch - und ich will und werde mich mit Leib und Seele einlassen auf den Beginn des großen Blühens - auch in mir!«

 ## Der Tulpenkorb

Der Frühlingsabend versinkt hinter den Bäumen. Für die Eltern ist es besonders schön, weil sie ihre beiden Töchter zum ersten Mal guten Gewissens eine Stunde allein lassen können. Auch Dorli hat glaubhaft versprochen, nicht aus dem Bett zu steigen, sondern sofort einzuschlafen.

Arm in Arm wandern die Eltern durch den Abend, draußen im Garten vor dem Dorf. Die Mutter hat eine Überraschung für den Vater: Aus den Tulpenzwiebeln, die sie sich im Herbst heimlich vom Haushaltsgeld abgezwackt hat, sind nun viele prächtige Blumen gewachsen. Zwar haben sich die Kelche in der Abendluft schon geschlossen, aber morgen Vormittag werden sie voll erblüht sein. Dorli und Regine, die keine Ahnung von dem Blumenwunder haben, werden vor Jubel außer sich geraten. Dorli erlebt in diesem Jahr sowieso erstmals bewusst den Frühling. Welch ein einmaliges Wunder der Blüte, in jedem Frühling wieder neu wie am ersten Schöpfungstag! Aber das einmalige Wunder bricht überraschender über die Familie herein, als die Mutter plante. Kaum hat sie am anderen Morgen mit dem Abräumen des Frühstücks begonnen, um anschließend sich selbst und auch die Kinder für den Garten fertig zu machen (auch der Vater hat seine Anwesenheit zugesichert), kaum hat sie sich überlegt, wohin ihre Töchter ausgerechnet heute entwischt sein könnten, denn man hört sie nirgends - da erscheint Dorli unter der Küchentür. In den Händen schleppt sie einen Henkelkorb, bis zum Rand gefüllt mit Tulpenblüten.

Ihr Gesicht glüht vor Entzücken. »Von unserem Garten«, flüstert sie ehrfürchtig. »Für dich. Ganz allein von mir für dich!« O Mutterliebe, nun entfalte deine letzten Reserven! Atme tief, zähle auf zehn und sei immer größer als der Augenblick! Ohne Stiele, nicht einmal für die Vase tauglich. Die verborgene Vorfreude langer Winterwochen wird nach wenigen Stunden im Mülleimer liegen. »Gell, da freust du dich aber?« Dorlis verlegener Blick zeigt, dass sie sich das Mutterglück überzeugender vorgestellt hat. Noch einmal atmet die Mutter tief durch. Es gibt schlimmere Dinge: Erdbeben, Wasserkatastrophen, Kriege, ➜

Unglücksfälle – na also! »Ja, es ist wunderschön, Dorli, ich danke dir.«
Prüfend sieht das Kind die Mutter an. Warum hat ihre Stimme solch einen merkwürdigen Sprung? Etwas hastig spricht sie nun weiter: »Sobald ich fertig bin, suchen wir eine Glasschale und legen die Blüten ins Wasser. Sie bekommen schnell Durst, weißt du. Hat Regine sie auch schon gesehen? Und der Vater?«
Still zieht sich Dorli mit ihrer Blütenpracht ins Dunkel der Diele zurück. Irgendetwas stimmt nicht. Was ist nur los?
Vielleicht ist der Vater da, denkt Dorli. Er hat meist mehr Geduld als die Mutter. Entschlossen arbeitet sich die Kleine mit ihrem Korb die Treppe hinunter bis vor die Studierzimmertür.
Inzwischen erledigt die Mutter ihre Hausarbeit, bereitet auch noch das Mittagessen vor, denn die Wiederherstellung des inneren Gleichgewichts braucht immerhin einige Zeit. Endlich ist alles geleistet, und man kann mit Fassung an den Tulpenkorb gehen.
Wo steckt Dorli nur? Auch Regine und der Vater geben keine Antwort. Die Mutter geht durch alle Zimmer. Es bleibt still. Aber was ist das? Im Schlafzimmer steht ein Arzneischrank sperrangelweit offen, und die Mullbinden fehlen – samt Leukoplast und Schere.

Etwas Schreckliches muss geschehen sein. Und niemand wagt es der Mutter offen zu sagen. Zitternd eilt die Mutter ins Studierzimmer. Die Arztnummer für alle Fälle. Aber da liegt ein Zettel auf dem Schreibtisch: »Wir sind rasch in den Garten gegangen. Bis nachher. Vater.«
Bis nachher? Das ist zu lange. Nur schnell, ehe jemand verblutet!
Schon von Weitem erblickt die Mutter den Vater und die Töchter voller Gesundheit. Die drei hantieren am Tulpenbeet; anscheinend sind doch nicht alle Blüten abgebrochen.
Mit zögernden Schritten nähert sie sich der einträchtig arbeitenden Gruppe. Was sie dann allerdings zu sehen bekommt, ist eigenartig genug. Vaters Blick spricht auch ohne Worte den einzigen hier möglichen Satz: »Bitte nicht böse sein über den Unsinn!«
Dorli hat es der Mutter von den Augen abgelesen, dass mit den gepflückten Tulpen etwas Ungeschicktes geschehen ist. Und so hat sie kurzerhand alle Blütenköpfe mit Mullbinden wieder an die Stängel gebunden. Papa und Regine helfen mit Leukoplast nach.
»Nun wachsen sie alle wieder an«, tröstet Dorli. »Und vielleicht kriegen sie nun zwei Köpfe? Und nun freust du dich aber wirklich ganz doll, ja?«
Dorli hüpft zur Mutter und drückt sie so fest, dass beide fast keine Luft mehr bekommen. »Freilich, Dorli!« Längst ist alles wieder gut. Welch ein Anblick. Auf keiner Bundesgartenschau wird es je so eigenwillige Blüten geben. In drei Wochen wäre die Herrlichkeit ohnedies vorbei gewesen. Das farbenprächtige Tulpenfest am Nachmittag aber wird den Kindern ein Leben lang als beglückende Erinnerung bleiben.

CHARLOTTE HOFMANN-HEGE

Warum das Veilchen so duftet

Nachdem der liebe Gott die Blumen erschaffen hatte, versammelte er sie alle noch einmal, um sich an ihnen zu erfreuen, bevor er sie über Wiesen, Gärten, Felder und Wälder verstreute. Weiße Margeriten wiegten sich neben den langblättrigen blauen Rispen des Ehrenpreis, edle Narzissen schwankten zusammen mit Pechnelken im Wind, samtige Katzenpfötchen hatten sich zu rosa und weißen Polstern zusammengefunden, und dicke Butterblumen reckten ihre Köpfe selbstbewusst in die Luft. Kerzengerade hielt sich der Löwenzahn neben den treuen Augen der Gänseblümchen, herrlich geformte Glockenblumen und durchsichtige Buschwindröschen läuteten vereint, dass die verträumten Himmelsschlüssel verwundert aufhorchten.

Nur eine Blume kam nicht recht zur Geltung, obwohl sie doch genauso schön war wie die anderen. Das Veilchen war es, das bescheiden zwischen den vielen Blumen im Grase blühte. Zwar streckte es sich nach Leibeskräften, aber es war zu klein, um gesehen zu werden. Der liebe Gott jedoch bemerkte es. Als er zum Abschied jede einzelne Blume fragte, ob sie mit ihrem Blütenkleid zufrieden wäre, kam er auch zu dem Veilchen. »Nun, kleines Veilchen«, sprach er es an, »hast du noch einen Wunsch?« »Ach nein«, antwortete das Veilchen, »ich bin zufrieden. Ich brauche nichts weiter.« Da freute sich der liebe Gott, denn er hatte insgeheim befürchtet, das zierliche Veilchen würde sich beklagen, weil es so klein geraten sei. Er sann eine Weile nach, dann erwiderte er lächelnd: »Weil du so bescheiden bist, will ich dir noch etwas Besonderes mitgeben. Du bist so winzig, dass dich keiner recht bemerkt, doch dafür sollst du so süß duften, wie keine andere Blume weit und breit!« So zog das Veilchen in die Welt hinaus und duftet seitdem, dass es eine Lust ist. Das ist der Lohn für seine Bescheidenheit.

FRIED NOXIUS

Frühling lässt sein blaues Band
wieder flattern durch die Lüfte,
süße, wohlbekannte Düfte
streifen ahnungsvoll das Land.
Veilchen träumen schon,
wollen balde kommen.
Horch, von fern ein leiser Harfenton!
Frühling, ja du bist's!
Dich hab ich vernommen.

EDUARD MÖRIKE

Das Gleichnis vom Senfkorn

Jesus legte ihnen ein weiteres Gleichnis vor: Das Himmelreich gleicht einem Senfkorn, das einer nahm und auf seinen Acker säte. Das ist zwar das kleinste von allen Samenkörnern; wenn es aber ausgewachsen ist, ist es größer als die Gartengewächse und wird zu einem Baum, sodass die Vögel des Himmels kommen und in seinen Zweigen nisten.

MATTHÄUS 13,31F

 Senfkörner pflanzen

▶ Was wir brauchen:
- ◎ eine Tüte Senfkörner
- ◎ Blumentöpfe und Untersetzer
  (nach Anzahl der Beteiligten)
- ◎ entsprechend viel Blumenerde

▶ Wie es geht:
Die Erde wird gleichmäßig in den Töpfen verteilt und angefeuchtet. Pro Topf werden fünf Senfkörner auf der Erde verteilt. Keimdauer: ein bis drei Tage. Man kann beobachten, wie groß die Senfkornstauden werden. Alternativ dazu kann man viele Senfkörner auf doppellagiges, angefeuchtetes Küchenpapier legen. Das Papier darf nicht austrocknen. Nach wenigen Tagen kann man die Senfsprossen auf einen Salat geben. Über die Senfkörner hinaus macht es natürlich auch viel Freude, Saatgut für Frühlings-und Sommerblumen oder Kräuter in Quelltöpfen auf der Fensterbank vorzuziehen, sie anschließend zu pikieren, die jungen Pflanzen also vorsichtig auseinanderzuziehen, und in kleine Töpfe mit Anzuchterde umzusetzen. Wenn kein Frost mehr droht, können die Pflänzchen in gesonderte Töpfe, in einen Balkonkasten oder in ein Gartenbeet ausgepflanzt werden.

Nun will der Lenz uns grüßen

1. Nun will der Lenz uns grü-ßen, von Mit-tag weht es lau;
aus al-len E-cken sprie-ßen die Blu-men rot und blau.

Draus wob die brau-ne Hei-de sich ein Ge-wand gar fein

und lädt im Fest-tags-klei-de zum Mai-en-tan-ze ein.

2. Waldvöglein Lieder singen,
wie ihr sie nur begehrt.
Drum auf zum frohen Springen,
die Reis' ist Goldes wert!

Hei, unter grünen Linden,
da leuchten weiße Kleid'!
Heija, nun hat uns Kinden
ein End all Wintersleid.

TEXT: NEIDHART VON REUENTAL / MELODIE: VOLKSGUT

Manchmal
spricht ein Baum
durch das Fenster
mir Mut zu

Manchmal
leuchtet ein Buch
als Stern
auf meinem Himmel

Manchmal
ein Mensch
den ich nicht kenne
der meine Worte
erkennt

ROSE AUSLÄNDER

Für meine Enkel

Ein Weiser mit Namen Choni ging einmal über Land und sah einen Mann, der einen Johannisbrotbaum pflanzte. Er blieb bei ihm stehen und sah ihm zu und fragte: »Wann wird das Bäumchen wohl Früchte tragen?« Der Mann erwiderte: »In siebzig Jahren.«

Da sprach der Weise: »Du Tor! Denkst du in siebzig Jahren noch zu leben und die Früchte deiner Arbeit zu genießen? Pflanze lieber einen Baum, der früher Früchte trägt, dass du dich ihrer erfreust in deinem Leben.«

Der Mann aber hatte sein Werk vollendet und sah freudig darauf, und er antwortete: »Rabbi, als ich zur Welt kam, da fand ich Johannisbrotbäume und aß von ihnen, ohne dass ich sie gepflanzt hatte, denn das hatten meine Väter getan. Habe ich nun genossen, wo ich nicht gearbeitet habe, so will ich einen Baum pflanzen für meine Kinder oder Enkel, dass sie davon genießen. Wir Menschen mögen nur bestehen, wenn einer dem andern die Hand reicht. Siehe, ich bin ein einfacher Mann, aber wir haben ein Sprichwort: Gefährten oder Tod.«

JÜDISCHE LEGENDE

Alles neu macht der Mai

Alles neu macht der Mai. Recht hat diese Redewendung. Wie es in dem Lied »Der Mai ist gekommen« heißt, schlagen die Bäume aus, Feld und Wiesen, Parkanlagen und Gärten werden von mannigfachem Grün, von den herrlichsten Blüten in ein wundervolles Meer an Farben und Duft getaucht. Kräuter und junge Salate, Frühkartoffeln und Spargel stehen zur Ernte an. Der Geschmack von Erdbeeren lässt einen schon vom Sommer träumen.

Seinen Namen hat der Monat vermutlich von der griechischen Erd- und Wachstumsgöttin Maja erhalten, deren Hochzeit mit dem Frühlingsgott die Erde endgültig aus dem Wintertod zu neuem Blühen aufbrechen lässt.

Wenngleich es zwischen dem 11. und 15. Mai noch einmal zu Kälteeinbrüchen kommt, die volkstümlich als »Eisheilige« bezeichnet werden, gilt der Mai seit der Antike als Auftakt des Sommers. Von daher haben sich für den Abend des 30. April, der Walpurgisnacht, Bräuche entwickelt, um Hexen und Dämonen und damit zugleich den Winter zu vertreiben. Zugleich ist seit dem 13. Jahrhundert die Sitte entstanden, einen Maibaum aufzustellen. Mit bunten Bändern und einem Tannenkranz geschmückt ziert er viele Dorfplätze, auf denen dann Maitänze stattfinden. Früher haben die jungen Männer ihrer Angebeteten oft frische Birkenäste, mit Blumen und Bändern geschmückt, vor die Tür gestellt, um mit ihr »anzubandeln«.

Allgemeinhin gilt der Mai ja als Monat der Liebe. Häufig reden wir in dem Zusammenhang vom Wonnemonat Mai – ein Ausdruck, der sich ursprünglich vom Begriff »Weidemonat« herleitet und als die Zeit verstanden wurde, in der man das Vieh wieder auf die Weide trieb.

Der Mai ist gekommen

1. Der Mai ist gekommen, die Bäume schlagen aus,
da bleibe, wer Lust hat, mit Sorgen zu Haus!
Wie die Wolken dort wandern am himmlischen Zelt, so steht auch mir der Sinn in die weite, weite Welt.

2. Herr Vater, Frau Mutter, dass Gott euch behüt!
Wer weiß, wo in der Ferne mein Glück mir noch blüht.
Es gibt so manche Straße, da nimmer ich marschiert;
es gibt so manchen Wein, den nimmer ich probiert.

3. Frisch auf drum, frisch auf drum im hellen Sonnenstrahl,
wohl über die Berge, wohl durch das tiefe Tal!
Die Quellen erklingen, die Bäume rauschen all –
mein Herz ist wie 'ne Lerche und stimmet ein mit Schall.

4. O Wandern, o wandern, du freie Burschenlust!
Da weht Gottes Odem so frisch in der Brust;
da singet und jauchzet das Herz zum Himmelszelt:
Wie bist du doch so schön, o du weite, weite Welt!

TEXT: EMANUEL GEIBEL
MELODIE: JUSTUS WILHELM LYRA

Tipp:
Aus Kieseln lassen sich ganz leicht Marienkäfer basteln – man braucht nur etwas wasserfeste Farbe und Klebstoff, und schon bevölkern lustige Tiere den Garten oder die Blumentöpfe.

Marienmonat Mai

Der Mai wird in der katholischen Kirche auch als Marienmonat verstanden, in dem der Mutter Jesu in besonderer Weise gedacht wird. Für die Maiandachten werden die Marienaltäre besonders prächtig mit Blumen, vor allem mit frischem Flieder geschmückt.

Im Laufe des Jahres gibt es viele Marienfeste. Die wichtigsten sind hier aufgelistet:

1. Januar: Hochfest der Gottesmutter Maria
Die Feier Marias als Gottesmutter weist auf den Glaubensgrundsatz hin, dass Jesus Christus sowohl göttlicher als auch menschlicher Natur ist: Er ist Sohn Gottes und zugleich Sohn einer menschlichen Mutter.

25. März: Mariä Verkündigung
Der Evangelist Lukas berichtet von einer Begegnung des Erzengels Gabriel mit Maria, in der ihr verheißen wird, dass sie durch die Kraft des Heiligen Geistes Gottes Sohn auf wunderbare Weise empfangen und zur Welt bringen soll. Gabriel begrüßt sie mit den Worten »Ave Maria«. Daraus hat sich die Anrufung Mariens entwickelt:
»Gegrüßet seist du Maria, voll der Gnade, der Herr sei mit dir. Du bist gebenedeit unter den Frauen und gebenedeit ist die Frucht deines Leibes, Jesus. Heilige Maria, Mutter Gottes, bitte für uns Sünder jetzt und in der Stunde unseres Todes. Amen.«

2. Juli: Mariä Heimsuchung
Maria besucht ihre Verwandte Elisabeth, die ebenfalls ein Kind erwartet. Dieser Sohn wird Johannes genannt; er tauft Jesus später im Jordan und wird demnach »Johannes der Täufer« genannt.

15. August: Mariä Himmelfahrt und Kräuterweihe

Nach dem Glauben der katholischen und der orthodoxen Kirche wurde Maria mit Leib und Seele in den Himmel aufgenommen. Weshalb dieses Fest mit einer Kräuterweihe verbunden ist, lässt sich nicht klar beantworten. Möglicherweise gibt es einen Zusammenhang zwischen der jahreszeitlich bedingten Getreidereife und der Verehrung Mariens als »Blume des Feldes und Lilie in den Tälern« (vgl. Hohelied 2,1), aus der sich die Darstellung »Mariens im Ährenkleid« entwickelt haben mag.

8. September: Mariä Geburt

Von der Geburt Marias berichtet die Bibel nichts. In der Volksfrömmigkeit wird er aber als Ereignis gefeiert, mit der Gott seinen Heilsplan vorbereitet. In der Liturgie der gottesdienstlichen Feier heißt es: »Deine Geburt, o Jungfrau Mutter Gottes, verkündet Freude der gesamten Welt; denn aus dir ist aufgegangen die Sonne der Gerechtigkeit, Christus unser Herr.«

Marias Lobgesang – das Magnifikat

Meine Seele preist die Größe des Herrn,
und mein Geist jubelt über Gott, meinen Retter.
Denn auf die Niedrigkeit seiner Magd hat er geschaut.
Siehe, von nun an preisen mich selig alle Geschlechter.
Denn der Mächtige hat Großes an mir getan,
und sein Name ist heilig.
Er erbarmt sich von Geschlecht zu Geschlecht
über alle, die ihn fürchten.
Er vollbringt mit seinem Arm machtvolle Taten:

Er zerstreut, die im Herzen voll Hochmut sind.
Er stürzt die Mächtigen vom Thron
und erhöht die Niedrigen.
Die Hungernden beschenkt er mit seinen Gaben
und lässt die Reichen leer ausgehen.
Er nimmt sich seines Knechtes Israel an
und denkt an sein Erbarmen,
das er unseren Vätern verheißen hat,
Abraham und seinen Nachkommen auf ewig.

LUKASEVANGELIUM 1,46–55

Mai

Worüber sich die Mutter freut:
Muttertag – immer am 2. Sonntag im Mai

Bereits im 13. Jahrhundert gab es in England den »mothering day« zur Verehrung der »Mutter Kirche« und der leiblichen Mutter. Doch seine Tradition verlor sich mit der Zeit. Der Ursprung des heutigen Muttertags geht auf die Amerikanerin Anna Jarvis zurück. Ihr gelang es 1907, aus Liebe zu ihrer verstorbenen Mutter an deren zweitem Todestag einen Gedenktag zu Ehren aller Mütter einzuführen. In den folgenden Jahren stellte sie eine Frauenbewegung auf die Beine, die erreichte, dass der Muttertag in Amerika 1914 erstmals als offizieller Feiertag begangen wurde. Durch die Mother's Day International Association verbreitete er sich weltweit.

In Deutschland wurde der Muttertag 1923 eingeführt, und zwar durch den Verband Deutscher Blumengeschäftsinhaber. Während der Zeit des Nationalsozialismus wurde der Muttertag zur Ehrung der Mütter, die viele »arische« Kinder geboren hatten, missbraucht. Heute feiern wir den Muttertag, um die Arbeit der Mütter in Haushalt und Erziehung in besonderer Weise zu würdigen.

Muttertagsgedicht

Wir wären nie gewaschen
und meistens nicht gekämmt,
die Strümpfe hätten Löcher
und schmutzig wär das Hemd,
wir äßen Fisch mit Honig
und Blumenkohl mit Zimt,
wenn du nicht täglich sorgtest
dass alles klappt und stimmt.
Wir hätten nasse Füße
und Zähne schwarz wie Ruß
und bis zu beiden Ohren
die Haut voll Pflaumenmus.
Wir könnten auch nicht schlafen,
wenn du nicht noch mal kämst
und uns, bevor wir träumen,
in deine Arme nähmst.
Und trotzdem! Sind wir alle
auch manchmal eine Last:
Was wärst du ohne Kinder?
Sei froh, dass du uns hast!

EVA RECHLIN

Feier des Muttertags

Worüber wird sich die Mutter am Muttertag freuen? Sicher über einen hübsch gedeckten Frühstückstisch mit einem Blumenstrauß oder einem selbst gestalteten Blumengesteck. Wenn du keine frischen Blumen bekommst, kannst du auch aus Tonpapier Blüten ausschneiden und über die Frühstückseier legen. Besonders schön sieht das aus, wenn die obere Hälfte des Eis schnell noch vor dem Frühstück mit gelber Wasserfarbe bemalt wurde.

Vielleicht hast du auch Lust, deiner Mutter einen Kuchen zu backen, der dann zum Nachmittagskaffee angeschnitten wird?

 Auf dem Platz der Mutter können, ähnlich wie am Valentinstag, aus rotem Karton ausgeschnittene Herzen liegen, auf denen liebe Worte stehen, wie z.B.

- Du bist die beste Mutti der Welt
- Danke, dass du immer Zeit für mich hast
- Es ist schön, wenn du mir vor dem Einschlafen eine Geschichte vorliest

Oder du schreibst auf einige Herzen, womit du deiner Mutter in den kommenden Wochen eine Freude machen willst, z.B.

- Ich werde einmal in der Woche freiwillig mein Zimmer aufräumen
- Ich werde einmal in der Woche beim Abtrocknen in der Küche helfen
- Ich werde fünfmal den Müll heruntertragen u.s.w.

Lena und das Handy

Es waren nur noch wenige Tage bis zum Muttertag. Lukas, das fünfjährige Nesthäkchen der Familie, war schon eifrig damit beschäftigt, für die Mama ein Bild zu malen. Heimlich natürlich, denn es sollte ja eine Überraschung werden. Dass er die Wasserfarben nicht nur auf das Papier brachte, sondern auch eine grüne Nasenspitze, einen roten Fleck auf der Stirn und blaue und grüne Finger hatte, fiel der Mutter natürlich, so kurz vor ihrem Ehrentag, nicht auf. Sie schmunzelte nur.

Die zwölfjährige Sophie hatte sich in diesem Jahr etwas Besonderes ausgedacht. Sie hatte sich mit der Oma zusammengetan und mit ihr nach einem Rezept für eine Torte gesucht. Die Oma besaß sogar eine herzförmige Kuchenform. Außerdem hatte sie alle notwendigen Zutaten besorgt, sogar Marzipan, mit dem die Torte gedeckt werden sollte. Darauf würde Sophie mit Schokoladenguss schreiben: »Für Mama«. Natürlich bezahlte sie der Oma alle Zutaten von ihrem Taschengeld. Denn sonst wäre es ja nicht ihr Geschenk gewesen. Und so verdrückte sie sich am Samstagnachmittag vor Muttertag mit den Worten: »Ich gehe noch zu Tanja, Mathe üben.« Wieder schmunzelte die Mutter.

Eine schlechtere Ausrede hätte ihrer Ältesten kaum einfallen können, denn nie im Leben würde diese sich am Wochenende freiwillig mit Additionen und Multiplikationen herumschlagen.

Für die elfjährige Lena hingegen fiel der Muttertag in diesem Jahr aus. Sie sah überhaupt nicht ein, ihrer Mutter etwas zu schenken, im Gegenteil. In ihrem Bauch hatte sich eine riesige Wut zusammengeballt. Die Mama ist so was von blöd, dachte sie. Sie hatte sich in der vergangenen Woche mit einigen ihrer Klassenkameradinnen zu einem Jahrmarktbesuch getroffen. Sie hatten so viel Spaß miteinander gehabt. Alle durften bis sieben Uhr bleiben, nur sie sollte um sechs Uhr zu Hause sein. Darauf hatte sie keinen Bock gehabt. Als sie kurz nach sieben heimkam, gab es ein Riesentheater. »Du hättest wenigstens anrufen können, ich bin verrückt geworden vor Angst«, hatte die Mutter gesagt. »Was hätte dir alles passieren können.« Doch auf ein Gespräch mit der Mutter hatte sie sich nicht eingelassen. »Ich bin doch kein Kleinkind mehr«, hatte sie geschrien, war in ihr Zimmer gerannt und hatte die Tür zugeknallt. Die Folge war, dass die Mutter ihr für unbestimmte Zeit das Handy weggenommen hatte mit den Worten: »Wenn du nicht daheim anrufen kannst, brauchst du es ja auch nicht.« Sie hatte das Handy erst zu Weihnachten bekommen und war glücklich darüber gewesen, nun ihren Freundinnen in den großen Pausen eine SMS schicken zu können. Schon am nächsten Tag stand sie auf dem Schulhof neben den anderen und sah ihnen bei ihrem Spaß zu. Wie hätte sie in ihrer Empörung Freude daran finden können, ihrer Mutter etwas zum Muttertag zu schenken? Am Morgen des Muttertages hatte der Vater, zusammen mit Lukas und Sophie, den Frühstückstisch gedeckt und mit Blumen und kleinen Herzen, die Lukas im Kindergarten aus rotem Karton ausgeschnitten hatte, geschmückt. »Wo ist denn Lena?«, fragte der Vater. »Sie wird verschlafen haben«, wich Sophie aus. »Dann wollen wir sie mal wecken.« Der Vater stieg die Treppe hinauf und klopfte an Lenas Zimmer. Doch sie gab keine Antwort. Er öffnete die Tür einen Spalt weit und rief: ❯

60 ⊙ »Lena, aufstehen, es gibt gleich Frühstück.« – »Komme gleich«, brummte das Mädchen und zog sich missmutig an. Mit einiger Verspätung erschien sie mit mürrischem Gesicht am Frühstückstisch. Lukas bemerkte in seinem Feuereifer nichts von der gedrückten Stimmung und konnte es gar nicht erwarten, seiner Mutter sein buntes Blumenbild zu überreichen. »Für dich, Mama, ich habe dich soooo lieb!« Mit diesen Worten umschlang er seine Mutter, drückte sie an sich und bedeckte ihr Gesicht mit feuchten Küssen. Sophie war von Lukas' liebevoller Umarmung gerührt und holte nun ihren duftenden Kuchen aus dem Versteck. Die Oma hatte ihr geholfen, einen Teil des Marzipans mit Lebensmittelfarben zu färben und daraus Röschen zu formen, die auf der Torte prangten. »Ist das das Ergebnis deiner Matheübungen?«, lachte die Mutter und schloss ihre Älteste herzlich in die Arme. »Danke«, sagte sie nur leise, »danke!«

»Jetzt schließe ich mich an.« Mit diesen Worten holte der Vater ein kleines Päckchen hervor. Nachdem die Mutter die Schleife aufgezogen, das Seidenpapier entfernt und das Kästchen geöffnet hatte, brachte sie nur hervor: »Aber das ist doch viel zu viel!« Behutsam legte der Vater ihr die wunderschöne Perlenkette um den Hals. »Das ist nur ein kleiner

Dank für all die Arbeit, die du im Laufe des Jahres für uns leistest – und dafür, dass du mir die wundervollsten Kinder geschenkt hast, die es auf der Welt gibt.« Während die Eltern sich umarmten, sank Lena zusehends auf ihrem Stuhl zusammen und schaute auf den Boden. Sie wusste, dass alle nun auf ihr Geschenk warteten. Schamesröte stieg ihr ins Gesicht. Hatte der Vater nicht recht? Rund um die Uhr war die Mutter für ihre Familie im Einsatz. Mit ihrem Halbtagsjob, den sie von zu Hause aus am Computer

ausüben und sich dadurch die Zeit selbst einteilen konnte, trug sie dazu bei, dass sie in den Sommerferien zusammen in Urlaub fahren konnten, und dass sie alle stets einigermaßen modisch gekleidet sein und sich den ein oder anderen Luxus leisten konnten, obwohl die Raten für das Reihenhaus noch nicht abbezahlt waren. Immer stand ein leckeres warmes Essen auf dem Tisch, wenn sie von der Schule kam, die Räume waren geputzt, die Wäsche gemacht. Wann kam die Mutter eigentlich einmal dazu, sich auszuruhen?

Langsam stand sie auf und hob den Kopf. »In den Pfingstferien werde ich morgens aufstehen und für Vati und Lukas Frühstück machen, damit du einmal ausschlafen kannst. Ich werde Staub wischen und nach dem Mittagessen die Küche aufräumen.« Mutter und Tochter sahen sich eine Weile schweigend an, bis sie sich behutsam in die Arme nahmen. »Danke, Lena«. Die Mutter war sichtlich bewegt. Eine größere Entschuldigung hätte es nicht geben können. Es war mucksmäuschenstill im Esszimmer, als Lena nach kurzer Zeit aber doch flüsterte: »Bekomme ich dann auch mein Handy zurück?«

CHRISTA SPILLING-NÖKER

Christi Himmelfahrt

Vierzig Tage nach Ostern, so erzählt die Bibel, fuhr Jesus zum Himmel auf. Damals stellte man sich den Himmel oben hinter den Wolken vor. Heute haben wir ein anderes Weltbild mit einem großen Kosmos und Planetensystemen. Von daher verstehen wir die Geschichte von Christi Himmelfahrt symbolisch: Jesus Christus kehrt zurück zum Vater. Wo aber der Himmel ist, wo Gott und Jesus Christus sind, können wir nicht örtlich bestimmen. Es gibt da kein oben oder unten. Der Mystiker Angelus Silesius (1624–1677) hat einmal formuliert:

Halt an, wo läufst du hin, der Himmel ist in dir;
Suchst du Gott anderswo – du fehlst ihn für und für.

Das Entscheidende ist also nicht, wo Gott ist, sondern ob wir uns von dem Geist der Liebe, den Jesus auf einmalige Weise vorgelebt hat, durchdringen, ja geradezu begeistern lassen. Hier zeigt sich der Zusammenhang mit dem Pfingstfest, in dem es darum geht, vor Liebe zu brennen und Feuer und Flamme zu sein. Ostern, Himmelfahrt und Pfingsten hängen also eng zusammen: Jesus überwindet die Macht des Todes, er ist eins mit Gott und belebt uns auch heute, unsichtbar, mit der Kraft des Heiligen Geistes dazu, seine Botschaft vom Evangelium zu verkünden und zu leben.

Gott wohnt ja nicht in fernen Zelten,
weit hinterm Horizont in fremden Welten.
Da, wo wir lieben und verzeih'n
wird er in uns lebendig sein.

CHRISTA SPILLING-NÖKER

Es hatte sich wohl schon in vorchristlicher Zeit die Tradition entwickelt, im Frühjahr sogenannte Flurumgänge, also Prozessionen durch die Felder zu machen, die man auch als Bittgänge bezeichnete. Gebetet wurde um ein fruchtbares Gedeihen der Früchte auf den Feldern und um Bewahrung vor Unwettern, damit die Ernte nicht vor der Zeit zerstört würde. Mit dieser alten Tradition verband sich im Laufe der Zeit das Gedenken an den Weg Jesu, als er mit seinen Freunden zu dem Berg hinaufstieg, von dem er zum Himmel auffuhr (vgl. Apostelgeschichte 1,9–12). Bei diesen Gängen muss es schon im Mittelalter hoch hergegangen sein. Im 19. Jahrhundert entwickelte sich daraus der Herrentag, an dem eine Gruppe von Männern mit Proviant und alkoholischen Getränken auszog und sich einen vergnügten Tag machte. Mit der Einführung des Muttertags zu Beginn des 20. Jahrhunderts wurde dieser Tag dann – als Pendant dazu – kurzerhand zum Vatertag erklärt.

Felix sucht den Himmel

Felix ist sauer auf seine Mama. Am liebsten würde er ganz weit weglaufen. In der Nacht hat er einen seltsamen Traum: Nanu! Was ist denn das? Da landet eine kleine Rakete vor dem Kinderzimmerfenster. Die Einstiegsluke geht auf, und heraus springt ein kleines Männchen. »Bist du ein Außerirdischer?«, fragt Felix. Das Männchen nickt. »Kommst du vom Himmel?«, möchte Felix wissen. »Was glaubst du denn, wo der Himmel ist?«, möchte das Männchen wissen. »Da oben!«, sagt Felix und zeigt hinauf zum Sternenhimmel. Das Männchen fragt: »Was glaubst du, was im Himmel ist?« »Ich glaube, dass dort Menschen sind, die sich lieb haben«, sagt Felix. »Möchtest du den Himmel besuchen? Du darfst mit meiner Rakete dorthin fliegen«, schlägt das Männchen vor. »Au ja!«, jubelt Felix. »Steig nur ein, die Rakete lässt sich ganz leicht steuern. Ich warte im Himmel auf dich!«, sagt das Männchen.

Felix steigt ein, und schon fliegt die Rakete los. Sie kommen an vielen Sternen und Planeten vorbei. Auf den meisten Planeten kann Felix nicht landen. Viele sind glühend heiß, andere eisig kalt. Nirgendwo entdeckt er auch nur einen einzigen Menschen. »Den Himmel hatte ich mir anders vorgestellt«, murmelt Felix enttäuscht. Da sieht er plötzlich einen Wegweiser. »Zum Himmel« steht darauf. Aber er zeigt nicht nach oben, sondern nach unten. »Vielleicht bin ich zu hoch geflogen«, überlegt Felix. Er steuert die Rakete wieder zurück. Da sieht er die Erde vor sich. Städte und Dörfer fliegen vorbei. Plötzlich landet die Rakete wieder vor Felix' Haus. Dort erwartet ihn das Männchen.

»Du hast mir den Himmel versprochen, aber ich habe ihn nicht gefunden«, mault Felix enttäuscht. »Du bist im Himmel!«, antwortet das Männchen. Da kommt Felix' Mama. Sie läuft ihm entgegen, nimmt ihren Jungen in die Arme und drückt ihn ganz fest. »Ich hab' dich so lieb!«, sagt sie. »Ich dich auch! Du bist die beste Mama der Welt!«, flüstert Felix. Als er wieder im Bett liegt, hüpft das Männchen ins Zimmer. »Überall, wo Menschen sich lieb haben, ist der Himmel«, sagt es. »Ich weiß«, murmelt Felix und schläft glücklich ein.

MARGRET NUSSBAUM / KATJA JÄGER

Pfingsten feiern

Fünfzig Tage nach Ostern feiern die Christen Pfingsten. Der Name kommt vom altgriechischen Wort für fünfzig: »pentekoste«. Das Fest schließt an das jüdische Erntefest Schawuot an, das auch Wochenfest genannt wird. Das Pfingstfest bildet den Abschluss von Ostern und Himmelfahrt. Vom Heiligen Geist erfüllt, begannen die Jünger, die Taten Jesu weiterzuerzählen. Deshalb gilt Pfingsten auch als Geburtstag der Kirche.

 ## Was die Bibel von Pfingsten erzählt

Als der Pfingsttag angebrochen war, befanden sich alle am gleichen Ort. Da entstand plötzlich vom Himmel her ein Brausen, wie von einem daherfahrenden gewaltigen Sturm, und erfüllte das ganze Haus, in dem sie saßen. Und es erschienen ihnen Zungen wie von Feuer, die sich zerteilten, und ließen sich auf jeden von ihnen nieder. Alle wurden mit Heiligem Geist erfüllt und begannen in fremden Sprachen zu reden, wie der Geist ihnen zu sprechen verlieh. In Jerusalem aber wohnten Juden, fromme Männer aus jedem Volk unter dem Himmel. Als sich dieses Getöse erhob, kam die Menge zusammen und war bestürzt; denn jeder hörte sie in seiner eigenen Sprache reden. Sie gerieten außer sich und staunten und sagten: Sind nicht alle, die hier reden, Galiläer? Wie kommt es, dass jeder von uns sie in seiner eigenen Muttersprache reden hört? Wir Parther und Meder und Elamiter, wir Bewohner von Mesopotamien, von Judäa und Kappadozien, von Pontus und Asia, von Phrygien und Pamphylien, Ägypten und den Landstrichen Libyens gegen Zyrene hin, die Römer, die sich hier aufhalten, wir Juden und Proselyten, Kreter und Araber: Wir hören sie in unseren Sprachen die Großtaten Gottes verkünden. Sie gerieten alle außer sich und waren ratlos, und einer sagte zum anderen: Was soll das bedeuten? Andere dagegen spotteten: Sie sind von süßem Wein betrunken.

APOSTELGESCHICHTE 2,1-13

Der Heilige Geist

Wesentliche Symbole des Heiligen Geistes sind Feuer, Wind und Taube. Vom Feuer sagen wir ja auch in Redewendungen: Jemand brennt für eine Sache. Er ist Feuer und Flamme. Damit meinen wir, dass er sich für etwas total begeistert. In dem Begriff Begeisterung steckt das Wort Geist. Immer da, wo wir für eine gute Sache entflammen, uns hinreißen lassen, ist der Bibel nach der Heilige Geist in uns. Aber wir können solche wundervollen – und in diesem Sinne heiligen Augenblicke – nicht herbeizaubern. Wenn wir für die Liebe und die Wahrheit brennen, ist es immer ein Geschenk des Himmels.

Der Windhauch als Bild für den Heiligen Geist geht zurück auf das hebräische Wort für Geist, »ruach«, das auch Wind bedeuten kann (vgl. die biblische Elija-Geschichte im ersten Buch der Könige, Kapitel 19).

Die Taube, das dritte Bild für den Heiligen Geist, ist ein Symbol für Frieden. Wenn Menschen sich untereinander wieder verstehen und verständigen, können sie auch Frieden miteinander schließen. Und das ist erfahrungsgemäß oft gar nicht so einfach. Manchmal setzen wir uns zusammen, um miteinander zu reden und unsere Meinungen untereinander auszutauschen. Und da passiert es immer wieder, dass wir aneinander vorbeireden, dass wir uns, trotz all unserer Bemühungen, nicht miteinander

verständigen können, wenngleich wir die gleiche Sprache sprechen. Wir reden, geben Erklärungen ab, erläutern unsere Gedanken oder auch unser Verhalten. Aber wir reden aneinander vorbei. Wir verstehen einander einfach nicht. Und genau an diese Erfahrung knüpft das Pfingstereignis an: Menschen finden untereinander wieder zu einer Verständigung, die sie dazu befähigt, aufeinander zu hören, und die sie aufhorchen lässt für das, was in dem anderen wirklich vorgeht. Auf diese Weise können wir einander immer wieder neu begegnen – und das über alle Grenzen hinweg.

Pantomime – sich durch Körpersprache verstehen

Wenn wir uns nicht mit Worten verständlich machen können, haben wir die Möglichkeit, uns mit Zeichen, mit Gesten und Bewegungen unseres Körpers auszudrücken. Probiert einmal aus, wie das geht:

Jedes Familienmitglied überlegt sich etwas, das es – ohne Worte – darstellen will. Wer die Bewegung als erster richtig erkennt, bekommt einen Punkt, wer die meisten Punkte hat, ist Sieger. Mehrere Personen können auch eine Gruppe bilden und eine Szene nachstellen.

Einige Beispiele zum »Aufwärmen«:

- eine Scheibe Brot abschneiden und mit Aufstrich versehen
- duschen
- Essen kochen
- ein Ei aufschlagen
- ein Bonbon auswickeln und in den Mund stecken
- der Lehrer gibt einem Schüler eine schlechte Klassenarbeit zurück
- beim Kellner wird eine Bestellung aufgegeben

Credo - ich glaube

Das Glaubensbekenntnis, das allen Christen gemeinsam ist, erhielt bereits im 4. Jahrhundert die heutige Form. Man nennt es auch Credo, was im Lateinischen »Ich glaube« heißt. Es wird »das Apostolische Glaubensbekenntnis« genannt, weil man dachte, sein Wortlaut würde auf die Apostel zurückgehen. Es lautet:

Ich glaube an Gott,
den Vater, den Allmächtigen,
den Schöpfer des Himmels und der Erde,
und an Jesus Christus,
seinen eingeborenen Sohn, unsern Herrn,
empfangen durch den Heiligen Geist,
geboren von der Jungfrau Maria,
gelitten unter Pontius Pilatus,
gekreuzigt, gestorben und begraben,
hinabgestiegen in das Reich des Todes,
am dritten Tage auferstanden von den Toten,
aufgefahren in den Himmel;
er sitzt zur Rechten Gottes,
des allmächtigen Vaters;
von dort wird er kommen,
zu richten die Lebenden und die Toten.
Ich glaube an den Heiligen Geist,
die heilige christliche/katholische Kirche,
die Gemeinschaft der Heiligen,
Vergebung der Sünden,
Auferstehung der Toten
und das ewige Leben.
Amen.

 **Vielleicht habt ihr in der Familie Lust, das miteinander aufzuschreiben, was ihr persönlich glaubt. Daraus kann ein eigenes Glaubensbekenntnis entstehen.**

Dreiunddreißig Jahre später

»Was mag wohl aus dem Kind geworden sein?«, fragte sich der alte König. Während seines ganzen Lebens konnte er jene Reise damals und den wunderbaren Stern nicht mehr vergessen: Erst waren sie fasziniert dem Stern gefolgt. Dann die Augenblicke in dem Stall von Bethlehem. »Ob dieses Kind inzwischen als mächtiger König regiert?« Und er machte sich noch einmal auf. Allein – wagte er noch einmal den langen Weg; die beiden sternkundigen Gefährten von damals waren inzwischen gestorben. In Jerusalem konnte man sich wohl an jenen wundervollen Stern erinnern, aber keinesfalls an ein Königskind … Die Menschen belächelten den Alten. In Bethlehem schüttelten sie den Kopf: Ein Jesus von Bethlehem war ihnen nicht bekannt. Wohl einer aus Nazareth, dieser Gotteslästerer! Er war vor ein paar Wochen hingerichtet worden. Traurig reiste er nach Jerusalem zurück. Dort war gerade Erntedankfest für die Weizenernte, das Pfingstfest. Im Trubel der feiernden Menschen geriet er in einen Volksauflauf. Neugierig drängte er sich vor und hörte die Leute rufen: »Die sind ja verrückt, die sind ja betrunken!« Dann vernahm er erstaunt jemanden, der in seiner persischen Muttersprache redete. Seltsam! Auch alle anderen Menschen um ihn aus den verschiedenen Nationen schienen jenen Mann dort zu verstehen. Von Jesus war die Rede, der nach dem Verbrechertod am Kreuz nicht im Grab verblieben, sondern von Gott auferweckt worden war. Der alte Mann ging zu Petrus – so hieß der Redner – und ließ sich alles genau erzählen. Ohne Zweifel, es war das Kind von Bethlehem, von dem Petrus erzählte. Jesus lebt. »Aber«, so fragte der alte König, »wo ist er denn zu sehen?« Und Petrus, der schon begriffen hatte, sagte: »Er ist unter uns, er ist in uns und um uns. Wir sind seine Münder, Augen, Gesichter, Hände, Füße …«

Während sie noch saßen und sprachen, kam noch einmal das Brausen vom Himmel, und noch einmal senkten sich Feuerzungen auf jeden von ihnen. Da fiel es dem alten Mann wie Schuppen von den Augen. Seine Erinnerung wurde hellwach, und er sagte: »Als hätte der Stern von Bethlehem sich in viele Sterne geteilt! Jeder Stern steht über einem von uns.«

Und ihm wurde deutlich: Jeder von uns wird Bethlehem, jeder wird Krippe, in jedem von uns wird Jesus neu geboren – wie damals: empfangen vom Heiligen Geist!

KURT MARTI

Dein Geist weht, wo er will

1. Dein Geist weht wo er will, wir kön-nen es nicht ah-nen. Er
greift nach unsern Her-zen und bricht sich neu-e Bah-nen.

2. Dein Geist weht wo er will,
   er spricht in unsre Stille,
   in allen Sprachen redet er,
   verkündet Gottes Wille.

3. Dein Geist weht wo er will,
   ist Antrieb für die Liebe,
   die Hoffnung hat er auferweckt,
   wo sonst nur Trauer bliebe.

4. Dein Geist weht wo er will,
   er ist wie ein Erfinder,
   aus Erde hat er uns gemacht,
   als seines Geistes Kinder.

TEXT: © WOLFGANG POEPLAU
MELODIE: LUDGER EDELKÖTTER © KIMU KINDER MUSIK VERLAG GMBH, 50259 PULHEIM
AUS: IMP 1006 »WEITERSAGEN«

»Laudate omnes gentes«

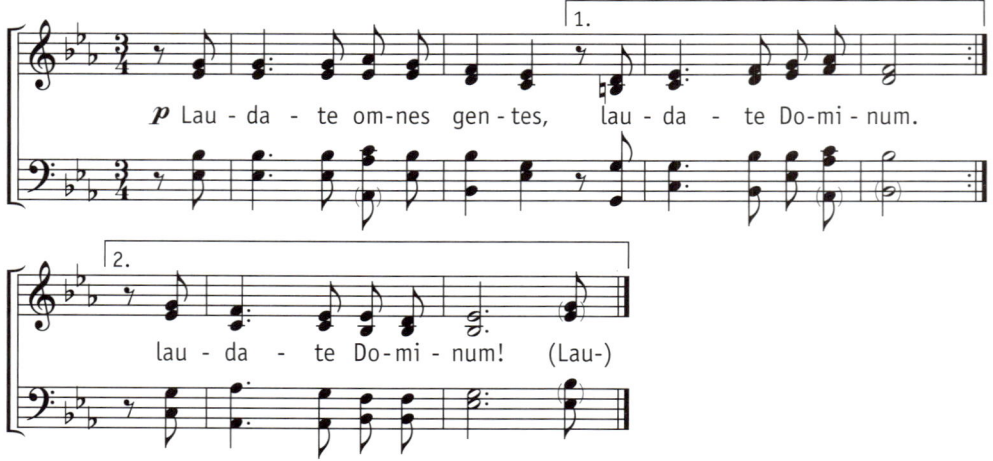

p Lau - da - te om-nes gen-tes, lau - da - te Do-mi - num.

lau - da - te Do-mi - num! (Lau-)

MUSIK: JACQUES BERTHIER (1923–1994) © ATELIERS ET PRESSES DE TAIZÉ,
F-71250 TAIZÉ-COMMUNAUTÉ

Fronleichnam

Am zweiten Donnerstag nach Pfingsten feiert die katholische Kirche seit dem 13. Jahrhundert das »Hochfest des Leibes und Blutes Christi«, das Fronleichnamsfest. Der Begriff geht auf die althochdeutschen Worte »fron« (»Herr«) und »liknam« oder »lichnam« (»Leib«) zurück und sagt damit: Jesus Christus ist in der Eucharistie leiblich gegenwärtig. Aufgrund der inhaltlichen Verbindung zur Einsetzung des Abendmahls am Gründonnerstag wurde Fronleichnam auch auf einen Donnerstag gelegt. Da Gründonnerstag ja in der Karwoche liegt, in der keine Feste gefeiert werden, kann man hingegen an Fronleichnam – innerhalb der Pfingstzeit – die Freude über den Sieg Christi über den Tod frohen Herzens feiern.

Im Zentrum dieser Feierlichkeiten steht die Heilige Messe. Darauf folgt eine Prozession. Der Pfarrer geht voran; er trägt die Monstranz mit der Hostie. An Altären wird unterwegs gebetet und gesungen. Den Abschluss der Fronleichnamsprozession bildet ein gemeinsamer Festgottesdienst. Die Straßen und Wege der Prozession werden auch heute noch mit Blumen festlich geschmückt.

Sommer

An hellen, warmen Sommertagen
barfuß über eine bunte Wiese laufen,
mit den Schmetterlingen um die Wette tanzen,
die Haut von Sonne und Wind streicheln lassen
und am Abend einen Korb voll mit Kornblumen,
Klatschmohn und Gräsern nach Hause tragen.

CHRISTA SPILLING-NÖKER

Ein Sommertraum

Da können wir träumen – von dem Geruch nach Birnen und dem Geschmack von Schokoladeneis auf unserer Zunge, von dem Zwitschern eines Vogels und dem Gefühl kühlen Windes auf unserer Haut. Und wir dürfen die vielen Blumen auf einer Wiese bestaunen, im warmen Sand spielen und uns im Wasser abkühlen. Der Sommer ist in ganz besonderer Weise ein Fest für die Sinne.

Geh aus, mein Herz, und suche Freud

Geh aus, mein Herz, und suche Freud, in dieser lieben Sommerzeit an deines Gottes Gaben; schau an der schönen Gärten Zier und siehe, wie sie mir und dir sich ausgeschmücket haben, sich ausgeschmücket haben.

2. Die Bäume stehen voller Laub,
   das Erdreich decket seinen Staub
   mit einem grünen Kleide;
   Narzissen und die Tulipan,
   die ziehen sich viel schöner an
   als Salomonis Seide,
   als Salomonis Seide.

3. Die Lerche schwingt sich in die Luft,
   das Täublein fliegt aus seiner Kluft
   und macht sich in die Wälder.
   Die hochbegabte Nachtigall
   ergötzt und füllt mit ihrem Schall
   Berg Hügel Tal und Felder,
   Berg Hügel Tal und Felder.

4. Die Glucke führt ihr Völklein aus,
   der Storch baut und bewohnt sein Haus,
   das Schwälblein speist die Jungen,
   der schnelle Hirsch, das leichte Reh
   ist froh und kommt aus seiner Höh
   in's tiefe Gras gesprungen,
   in's tiefe Gras gesprungen.

5. Ich selber kann und mag nicht ruhn,
   des großen Gottes großes Tun
   erweckt mir alle Sinnen;
   ich singe mit, wenn alles singt,
   und lasse, was dem Höchsten klingt,
   aus meinem Herzen rinnen,
   aus meinem Herzen rinnen.

TEXT: PAUL GERHARDT / MELODIE: AUGUST HARDER

Sommer

Weißt du, wie der Sommer riecht?
Nach Birnen und nach Nelken,
nach Äpfeln und Vergissmeinnicht,
die in der Sonne welken,
nach heißem Sand und kühlem See
und nassen Badehosen,
nach Wasserball und Sonnenkrem,
nach Straßenstaub und Rosen.

Weißt du, wie der Sommer schmeckt?
Nach gelben Aprikosen
und Walderdbeeren, halb versteckt
zwischen Gras und Moosen,
nach Himbeereis, Vanilleeis
und Eis aus Schokolade,
nach Sauerklee vom Wiesenrand
und Brauselimonade.

Weißt du, wie der Sommer klingt?
Nach einer Flötenweise,
die durch die Mittagsstille dringt,
ein Vogel zwitschert leise,
dumpf fällt ein Apfel in das Gras,
ein Wind rauscht in den Bäumen,
ein Kind lacht hell, dann schweigt es schnell
und möchte lieber träumen.

ILSE KLEEBERGER

Sommersonnenwende:
Tag des heiligen Johannes

Am 24. Juni, also am Tag der Sommersonnenwende, feiern die Christen die Geburt Johannes des Täufers. Die Sonne hat ihren höchsten Stand erreicht; von nun an werden die Tage wieder kürzer. Dieses Ereignis wurde von den Christen auf das Verhältnis von Johannes dem Täufer zu Jesus Christus übertragen, wie es in der Selbstaussage des Johannes heißt: »Er (Christus) muss wachsen, ich (Johannes) aber muss abnehmen« (Johannesevangelium 3,30). Viele Menschen hatten ja gedacht, dass Johannes der Täufer schon der erwartete Erlöser sei. Er selbst verwies aber auf Jesus Christus als den erwarteten Messias und taufte ihn im Jordan.

Was die Bibel von Johannes dem Täufer erzählt

Anfang des Evangeliums von Jesus Christus, dem Sohn Gottes. Wie beim Propheten Jesaja geschrieben steht: Ich sende meinen Boten vor dir her; er wird den Weg vor dir bereiten. Eine Stimme ruft in der Wüste: Bereitet den Weg des Herrn! Macht seine Straßen eben!
Johannes der Täufer trat in der Wüste auf und verkündete eine Taufe der Umkehr zur Vergebung der Sünden. Ganz Judäa und alle Bewohner Jerusalems zogen zu ihm hinaus und ließen sich von ihm im Jordan taufen und bekannten dabei ihre Sünden. Johannes trug ein Gewand aus Kamelhaaren und einen ledernen Gürtel um seine Hüften und nährte sich von Heuschrecken und wildem Honig. Er verkündete: Nach mir kommt einer, der stärker ist als ich; ich bin nicht wert, mich zu bücken und den Riemen seiner Schuhe zu lösen. Ich habe euch mit Wasser getauft, er aber wird euch mit Heiligem Geist taufen.
In jenen Tagen kam Jesus aus Nazaret in Galiläa und ließ sich von Johannes im Jordan taufen. Sobald er aus dem Wasser heraufstieg, sah er, dass sich der Himmel öffnete und der Geist wie eine Taube auf ihn herabkam. Und eine Stimme sprach aus dem Himmel: Du bist mein geliebter Sohn, an dir habe ich Gefallen gefunden.

MARKUSEVANGELIUM 1,1–11

Das Fest der Sommersonnenwende lädt natürlich zum Feiern ein. Jesus Christus wird symbolisch als Sonne verstanden, die Licht ins Dunkel bringt. Deshalb werden Sonnenwendfeuer entzündet. Von den Bergen leuchten sie weit in die Täler hinein. Einem alten Brauch zufolge beschenkt es einen mit Segen, wenn man über dieses Feuer springt. Noch besser wirkt es, wenn alle zusammen um dieses Feuer herum tanzen. Manche Pflanzen und Tiere sind nach dem heiligen Johannes benannt: die Johannisbeere, das Johanniskraut, das Johannisbrot und die Johanniswürmchen. Die roten und schwarzen Johannisbeeren sind Ende Juni reif. Das Johanniskraut blüht um den Johannistag auf. Es wird als Heilmittel gegen Depressionen, gegen Hexenschuss und Gicht eingesetzt. Zudem soll es Schmerzen lindern und Wunden schneller heilen lassen. Die Johanniswürmchen sind Glühwürmchen, die wie klitzekleine Laternen in der Dunkelheit leuchten.

Feier des Johannistages

Wer auf dem Land lebt, hat die Möglichkeit, mit anderen Familien zusammen Holz zu sammeln und ein Johannisfeuer zu entfachen. Aber auch in einem Garten oder auf dem Balkon lassen sich Fackeln oder Windlichter entzünden, die eine besondere Atmosphäre schaffen. Ein saftiger Johannisbeerkuchen und eine Johannisbeersaftschorle dürfen dabei natürlich nicht fehlen.

Ein Fest der Sinne

Tipp:
Mit der Familie und Freunden lassen sich immer wieder Stunden rund um unsere Sinne gestalten – hier finden sich jede Menge Ideen zum Sehen, Riechen, Hören, Fühlen, Schmecken...

Was gibt es Schöneres, als auf einer bunten Wiese zu liegen und den weißen Wolken am Himmel nachzuträumen - oder am weichen warmen Sandstrand zu spielen und sich im Wasser abzukühlen? Was gibt es Schöneres, als den kühlen Wind auf der bloßen Haut zu spüren, dem Gesang der Vögel zu lauschen - und sich zwischendurch mit einem Eis oder einer Limonade zu erfrischen? Der Sommer ist in ganz besonderer Weise ein Fest für unsere Sinne.

Nun gibt es Menschen, vielleicht in unserer Familie, vielleicht auch im Freundeskreis, denen ein »Sinn« fehlt; vielleicht weil sie blind, taub oder sprachgeschädigt sind oder auf andere Weise mit Behinderungen leben müssen. Oft wird dieser fehlende Sinn oder eine geistige Beeinträchtigung aber durch andere besondere Fähigkeiten ausgeglichen.

Freunde

»Wohin willst du?«, fragte der Vater. Benjamin hielt die Türklinke fest. »Raus«, sagte er. »Wohin raus?«, fragte der Vater. »Na so«, sagte Benjamin. »Und mit wem?«, fragte der Vater. »Och...«, sagte Benjamin. »Um es klar auszusprechen«, sagte der Vater, »ich will nicht, dass du mit diesem Josef rumziehst!« »Warum?«, fragte Benjamin. »Weil er nicht gut für dich ist«, sagte der Vater. Benjamin sah den Vater an. »Du weißt doch selber, dass dieser Josef ein ... na, sagen wir, ein geistig zurückgebliebenes Kind ist«, sagte der Vater. »Der Josef ist aber in Ordnung«, sagte Benjamin. »Möglich«, sagte der Vater. »Aber was kannst du schon von ihm lernen?« »Ich will doch nichts von ihm lernen«, sagte Benjamin. »Man sollte von jedem, mit dem man umgeht, etwas lernen können«, sagte der Vater. Benjamin ließ die Türklinke los. »Ich lerne von ihm, Schiffchen aus Papier zu falten«, sagte er. »Das konntest du mit vier Jahren schon«, sagte der Vater. »Ich hatte es aber wieder vergessen«, sagte Benjamin. »Und sonst?«, fragte der Vater. »Was macht ihr sonst?« »Wir laufen rum«, sagte Benjamin. »Sehen uns alles an und so.« »Kannst du dich nicht auch mit einem anderen Kind zusammentun?« »Doch«, sagte Benjamin. »Aber der Josef sieht mehr«, sagte er dann. »Was?«, fragte der Vater. »Was sieht der Josef?« »So Zeugs«, sagte Benjamin. »Blätter und so. Steine. Ganz tolle. Und er weiß, wo Katzen sind. Und die kommen, wenn er ruft.« »Hm«, sagte der Vater. »Pass mal auf«, sagte er. »Es ist im Leben immer wichtig, dass man sich nach oben orientiert.« »Was heißt das«, fragte Benjamin, »sich nach oben orientieren?« »Das heißt, dass man sich Freunde suchen soll, zu denen man aufblicken kann. Freunde, von denen man etwas lernen kann. Weil sie vielleicht ein bisschen klüger sind als man selber.« Benjamin blieb lange still. »Aber«, sagte er endlich, »wenn du meinst, dass der Josef dümmer ist als ich, dann ist es doch gut für den Josef, dass er mich hat, nicht wahr?«

GINA RUCK-PAUQUÈT

Gesunde Menschen können sich oft nicht in die Situation von Menschen mit Behinderungen hineinversetzen. Sie halten es für selbstverständlich, dass ihnen selbst alle Sinne zur Wahrnehmung der Welt zur Verfügung stehen. Dabei sind auch die, die sich für gesund halten, manchmal »von Sinnen«, weil sie sich eben ihrer Sinne und der lustvollen Freude daran gar nicht mehr bewusst sind.

So heißt es im Psalm 115: »Sie haben einen Mund und können nicht reden, sie haben Augen und sehen nicht. Sie haben Ohren und können nicht hören, sie haben eine Nase und riechen nicht.«

Sie können zwar sehen,
sind aber dennoch blind
für die vielfachen Schönheiten,
die sie tagtäglich umgeben –
sie können zwar hören,
aber nicht wirklich ganz Ohr sein
für das, was ihnen ein Mensch
offenbart und anvertraut –
sie können zwar sprechen,
aber sie plappern nur nach,
was sie gehört, gelesen
oder im Fernsehen gesehen haben –

sie können zwar riechen,
aber den Duft einer Rose
nicht mehr vom Benzin
ihres Autos unterscheiden –
sie können zwar fühlen,
aber sie nehmen ihren Liebsten
in seiner Persönlichkeit
gar nicht mehr wahr
als den, der er ist.

CHRISTA SPILLING-NÖKER

Augen auf!

 Die Familie sammelt Redensarten, die mit dem Sehen zu tun haben und schreiben sie mit Filzstift auf ein Plakat – zum Beispiel:

- ◎ mal ein Auge zudrücken
- ◎ rot sehen
- ◎ jemandem auf die Finger sehen
- ◎ blind vor Wut
- ◎ das sieht ja ein Blinder
- ◎ den Kopf in den Sand stecken
- ◎ ein Auge auf jemanden werfen
- ◎ ein Auge zudrücken
- ◎ Sand in die Augen streuen

Die Blumen des Blinden

In einem kleinen Haus mit einem großen Garten lebte ein blinder Mann. Er verbrachte jede freie Minute in seinem Garten und pflegte ihn trotz seiner Handicaps mit großer Hingabe. Ob Frühling, Sommer oder Herbst, der Garten war ein Blütenmeer. »Sagen Sie«, bemerkte ein Vorübergehender, der die Pracht bestaunte, »warum tun Sie das? Sie können doch nichts davon sehen, oder?« – »Oh nein«, antwortete der Blinde, »nicht das Geringste.« – »Warum kümmern Sie sich dann überhaupt um den Garten?«

Der Blinde lächelte. »Ich kann Ihnen dafür vier Gründe nennen: Erstens, ich liebe die Gartenarbeit; zweitens, ich kann meine Blumen anfassen; drittens, ich kann ihren Duft riechen. Der vierte Grund sind Sie!« – »Ich? Aber Sie kennen mich doch gar nicht!« – »Nein, aber ich wusste, Sie würden irgendwann vorbeikommen, hätten Freude an meinen herrlichen Blumen, und ich hätte Gelegenheit, mich mit Ihnen darüber zu unterhalten.«

H. L. GEE

Vertrauensspaziergang

Den Vertrauensspaziergang kann man in der Wohnung durchführen, besser aber im Freien. Die Familie oder eine Gruppe aus mehreren Familien bildet Paare. Einem von beiden werden die Augen verbunden. Der andere legt die Hand in dessen Rücken und versucht ihn dadurch – ohne Worte! – zu steuern. (Vorsicht bei Treppen oder anderen möglichen Gefahrenquellen!) An markanten Punkten, wie z. B. einem Baum, einem Strauch oder einer duftenden Blume kann man ihm ein körperliches Zeichen geben, stehen zu bleiben, und dazu mit Worten auffordern, die entsprechende Pflanze zu ertasten oder zu riechen. Dann geht es weiter. Nach dieser Runde werden die Rollen getauscht.
Am Ende wird darüber gesprochen, wie man es erlebt hat, sich als »Blinder« führen zu lassen und welche Erfahrungen man damit gemacht hat.

Ganz Ohr sein

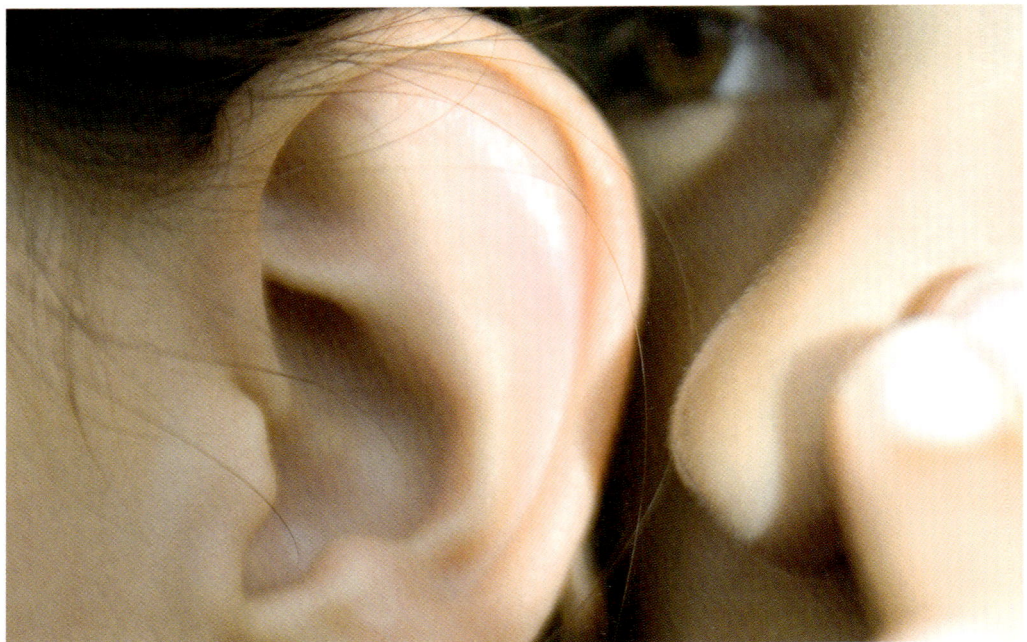

 Die Familie sammelt Redensarten, die mit dem Hören zu tun haben und schreibt sie mit Filzstift auf ein Plakat – zum Beispiel:

- ◎ mit halbem Ohr zuhören
- ◎ Wände haben Ohren
- ◎ jemandem in den Ohren liegen
- ◎ etwas vom »Hörensagen« kennen
- ◎ zum einen Ohr hinein und zum anderen wieder hinaus
- ◎ ein offenes Ohr haben
- ◎ ich bin ganz Ohr

 ## Klang-Suchspiel

Dieses Spiel lässt sich am besten im Freien durchführen. Einer aus der Familie bekommt eine Glocke oder ein anderes Instrument, mit dem sich Geräusche erzeugen lassen (z.B. eine Flöte, zwei Topfdeckel, eine Dose mit kleinen Kieselsteinen zum Rasseln). Allen anderen werden die Augen verbunden. Derjenige, der die Geräusche macht, läuft hin und her und lässt immer wieder etwas »von sich hören«. Die anderen versuchen, die Richtung auszumachen, aus der die Töne kommen und ihn zu fangen.
Ist das jemandem gelungen, darf er als nächstes die anderen mit seinen Klängen nach ihm suchen lassen.

Geräusch der Grille –
Geräusch des Geldes

Eines Tages verließ ein Indianer das Reservat (Reservat: Schutzgebiet für Indianer, in dem sie wie ihre Vorfahren leben können) und besuchte einen weißen Mann, mit dem er befreundet war. In einer Stadt zu sein, mit all dem Lärm, den Autos und den vielen Menschen um sich – all dies war ganz neuartig und auch ein wenig verwirrend für den Indianer. Die beiden Männer gingen die Straße entlang, als plötzlich der Indianer seinem Freund auf die Schulter tippte und ruhig sagte: »Bleib einmal stehen. Hörst du auch, was ich höre?«

Der weiße Freund des roten Mannes horchte, lächelte und sagte dann: »Alles, was ich höre, ist das Hupen der Autos und das Rattern der Omnibusse. Und dann freilich auch die Stimmen und Schritte der vielen Menschen. Was hörst du denn?«

»Ich höre ganz in der Nähe eine Grille zirpen«, antwortete der Indianer. Wieder horchte der weiße Mann. Er schüttelte den Kopf. »Du musst dich täuschen«, meinte er dann, »hier gibt es keine Grillen. Und selbst wenn es hier irgendwo eine Grille gäbe, würde man doch ihr Zirpen bei dem Lärm, den die Autos machen, nicht hören.«

Der Indianer ging ein paar Schritte. Vor einer Hauswand blieb er stehen. Wilder Wein rankte an der Mauer. Er schob die Blätter auseinander, und da – sehr zum Erstaunen des weißen Mannes – saß tatsächlich eine Grille, die laut zirpte.

Nun, da der weiße Mann die Grille sehen konnte, fiel auch ihm das Geräusch auf, das sie von sich gab. Als sie weitergegangen waren, sagte der weiße Mann nach einer Weile zu seinem Freund, dem Indianer: »Natürlich hast du die Grille hören können. Dein Gehör ist eben besser geschult als meines. Indianer können besser hören als Weiße.« Der Indianer lächelte, schüttelte den Kopf und erwiderte: »Da täuschst du dich, mein Freund. Das Gehör eines Indianers ist nicht besser und nicht schlechter als das eines weißen ❯

➔ Mannes. Pass auf, ich will es dir beweisen.« Er griff in die Tasche, holte ein 50-Cent-Stück hervor und warf es auf das Pflaster. Es klimperte auf dem Asphalt, und Leute, die mehrere Meter von dem weißen und dem roten Mann entfernt gingen, wurden auf das Geräusch aufmerksam und sahen sich um. Endlich hob einer das Geldstück auf, steckte es ein und ging seines Weges. »Siehst du«, sagte der Indianer zu seinem Freund, »das Geräusch, das das 50-Cent-Stück gemacht hat, war nicht lauter als das der Grille, und doch hörten es viele der weißen Männer und drehten sich danach um, während das Geräusch der Grille niemand hörte außer mir. Der Grund dafür liegt darin, dass wir alle stets das gut hören, worauf wir zu achten gewohnt sind.«

FREDERIC HETMANN

Wann ich schweigen sollte ...
Manchmal ist es aber auch notwendig, nicht auf etwas zu hören, sondern zu schweigen. Die Familie überlegt miteinander, in welchen Situationen man besser nichts sagt. Das könnte z.B sein:

◎ wenn ich nichts weiß
◎ wenn ich eine Überraschung nicht ausplaudern soll
◎ wenn mir jemand ein Geheimnis anvertraut hat
◎ wenn mich die Meinung anderer interessiert
◎ wenn ich ein Problem erst einmal mit mir selbst ausmachen möchte

 **Schweigsamer Spaziergang**

Freude macht dann auch ein schweigsamer Spaziergang, bei dem man auf die Geräusche unterwegs achtet: auf das Knacken eines Astes unter den Füßen, auf unterschiedliche Vogelstimmen, das Hacken eines Spechtes, das Plätschern eines Baches etc.

Was sich im Leben gut anfühlt

 Die Familie sammelt Redensarten, die mit dem Fühlen zu tun haben und schreibt sie mit Filzstift auf ein Plakat – zum Beispiel:

- sich in seinen vier Wänden wohlfühlen
- sich gebauchpinselt fühlen
- seine Fühler ausstrecken
- Fingerspitzengefühl haben
- ein heißes Eisen anfassen
- jemand hat ein dickes Fell
- jemandem auf den Zahn fühlen

 ## Gegenstände ertasten

Jedes Familienmitglied sucht etliche kleine Gegenstände im Haushalt zusammen, um sie den anderen vorzulegen, damit sie sie – natürlich mit verbundenen Augen – ertasten sollen. Natürlich müssen es Gegenstände sein, an denen sich niemand verletzen kann. Die Gegenstände können zum Beispiel sein: Kamm, Streichholz, Knopf, Kugelschreiber, Bleistift, Tempotaschentuch, Papierserviette, eingewickeltes Bonbon, Pinsel, eingewickelte Tafel Schokolade, Teelöffel, Eierbecher, Zahnpastatube, Blumenuntersetzer, Untertasse, Eierwärmer, Teelicht, Briefumschlag, Stein, Seife, Bürste, Blätter von unterschiedlichen Bäumen (da könnte man dann noch erraten, von welchem Baum das Blatt stammt).
Wer die meisten Gegenstände erraten hat, hat gewonnen.

Ein Fühlspaziergang

Bei sonnigem Wetter empfiehlt sich ein »Fühlspaziergang«: Wir tasten die Rinde eines Baumes ab, streicheln den Moosteppich, streichen mit den Händen über Tannenzweige, »begreifen« einzelne Steine, halten die Hände in das Wasser eines Bächleins, kitzeln uns gegenseitig mit Grashalmen etc.

Ein Barfußtag

Wer dazu Gelegenheit hat, dem sei ein Barfußtag ans Herz gelegt: Barfuß z.B. über eine Wiese, einen Kiesweg, einen Sandstrand zu laufen - das lässt einen den Körper neu spüren. Wer mitten in einer Großstadt lebt, kann eine solche Erfahrung dadurch ermöglichen, indem er in eine Kiste z.B. Sand oder Kieselsteine füllt und darin herumstapft. Auch Wassertreten in einer Badewanne kann viel Spaß machen.

Wer hat die »Nase vorn?«

 Die Familie sammelt Redensarten, die mit dem Riechen zu tun haben und schreibt sie mit Filzstift auf ein Plakat – zum Beispiel:

- den richtigen Riecher haben
- das stinkt mir
- jemanden nicht riechen können
- den Braten riechen
- hundert Meter gegen den Wind riechen
- von etwas Wind bekommen
- jemanden beweihräuchern

 ## Riechspiel

Eine ausgewählte Person in der Familie sucht Gegenstände zusammen, die geruchsintensiv sind: Zimtstangen, Vanilleschoten, Schokolade, Erdbeermarmelade, ein Stück Zitronen- und Orangenschale, Knoblauch, Zwiebel und Ingwer (alle drei aufgeschnitten), Gartenkräuter wie z.B. Pfefferminze, Rosmarin, Thymian, Salbei, Dill etc. Einem nach dem anderen werden die Augen verbunden. Die zu erratenden Lebensmittel werden auf kleine Teller gelegt. Jeder muss nun raten, was er – im wahrsten Sinne des Wortes – vor der Nase hat. Natürlich werden bei jedem die Tellerchen in eine andere Reihenfolge gebracht. Die Anzahl der richtig gerochenen Lebensmittel wird bei jedem notiert. Gewonnen hat, wer den besten »Riecher« hat.

Duftbeutel herstellen

Man kann Sommerduft auch aufbewahren oder verschenken, z. B. in einem Duftbeutelchen. Wir nähen
aus einem Rest Baumwollstoff einen Beutel von
ca. 8 cm Breite und 10 cm Länge, den wir mit intensiv
riechenden getrockneten Blüten oder Blättern füllen
und dann fest zubinden. Dazu eignen sich beispielsweise Lavendelblüten, Tannennadeln, Rosmarinnadeln,
Waldmeister oder Pfefferminze.

Wen oder was ich gut riechen kann

- Mutters Parfum
- Rosen
- frisches Brot
- Äpfel
- Heu
- gemähtes Gras
- ...

Welche Dinge fallen euch noch ein, die ihr gut riechen
könnt?

Was mir so schmeckt

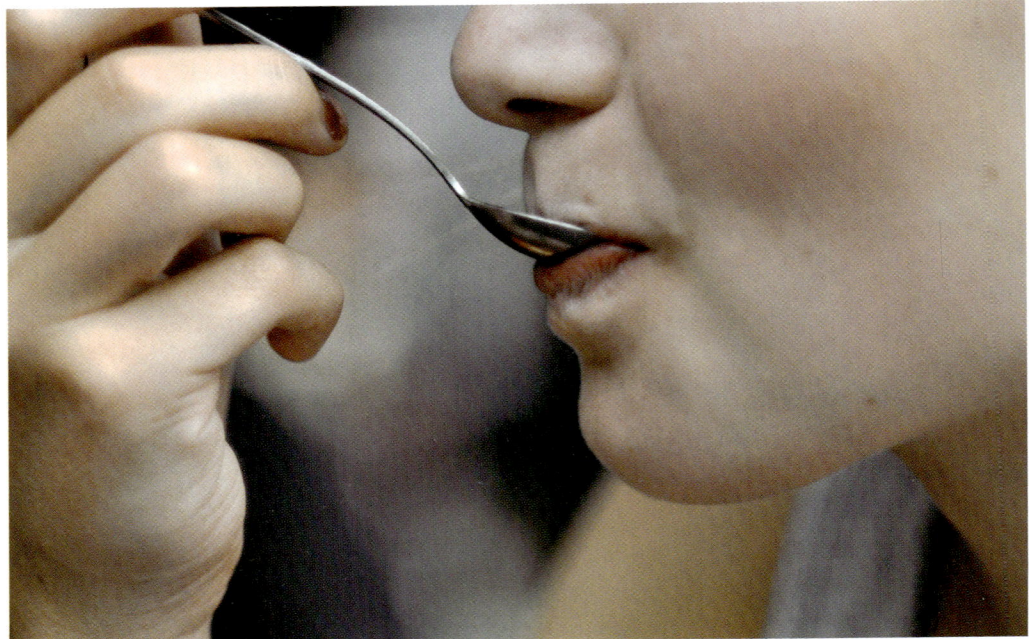

 Die Familie sammelt Redensarten, die mit dem Schmecken zu tun haben und schreibt sie mit Filzstift auf ein Plakat – zum Beispiel:

- das will mir nicht schmecken
- sich etwas auf der Zunge zergehen lassen
- eine bittere Pille schlucken müssen
- das Wasser läuft einem im Munde zusammen
- in den sauren Apfel beißen
- jemandem die Suppe versalzen
- jemandem den Mund wässrig machen
- die Geschmäcker sind verschieden

 ## Wer hat den besten Geschmack?

Einem nach dem anderen werden die Augen verbunden. Die zu erratenden Lebensmittel werden auf kleine Teller gelegt bzw. in kleine Gläser (Schnapsgläser) gegossen. Dafür eignen sich: Salz, Zucker, Kakao, Vanillezucker, Zimt, Knoblauch, Muskat; Gläser mit: Orangensaft, Milch, Kaffee, Cola, Zitronensaft, Tomatensaft, Pfefferminztee, Hagebuttentee, Kamillentee etc. Der Ratende darf die Lebensmittel mit dem angefeuchteten Finger berühren und probieren bzw. einen kleinen Schluck davon nehmen.
Alternativ: Früchte schmecken – Erdbeeren, Himbeeren, Blaubeeren, Brombeeren, Bananen, Äpfel, Pfirsiche, Trauben, Melonen, Feigen etc.

Die Suppe

»Die Mittagsuppe ist doch gar zu wenig gesalzen; ich kann sie nicht essen!«, sagte die kleine Gertrud und legte den Löffel weg. »Nun wohl«, sagte die Mutter, »ich will dir dafür eine bessere Abendsuppe vorsetzen.« Die Mutter ging hierauf in den Krautgarten, grub Kartoffeln heraus, und Gertrud musste, bis die Sonne unterging, die Erdäpfel auflesen und in Säcke sammeln.

Nachdem beide nach Hause gekommen waren, brachte die Mutter endlich die Abendsuppe. Gertrud kostete sie und sagte: »Das ist freilich eine andere Suppe, die schmeckt besser.« Sie aß das ganze Schüsselchen voll aus. Die Mutter aber lächelte und sprach: »Es ist die gleiche Suppe, die du heute Mittag stehen ließest. Jetzt schmeckt sie dir besser, weil du den Nachmittag hindurch fleißig gearbeitet hast.«

CHRISTOPH VON SCHMID

Eis – selbst gemacht

Eis selbst gemacht – das schmeckt doppelt so gut wie gekauft, denn jeder kann seine eigene Geschmacksrichtung erfinden. Grundsätzlich werden 200 g Joghurt mit 200 g steif geschlagener Sahne und 1/2 l frischem Fruchtsaft vermischt und in Trinkbecher aus Kunststoff gefüllt. Die Masse muss für mindestens 4 Stunden in das Gefrierfach, danach leicht antauen lassen, bevor man sie genüsslich schlecken kann.

Sonnig und froh – die Ferienzeit

Sommerzeit ist zugleich auch Ferienzeit. Zeit zum Ausschlafen, zur Freude, zum Spielen. Wer eine Reise vorhat, kann planen: Was soll in den Koffer, was gibt es an dem Urlaubsort an Besonderheiten zu entdecken, was möchte man dort unternehmen? Natürlich macht es Spaß, einige Fotos zu schießen oder ein paar Ansichtskarten zu kaufen. Daheim kann man dann ein Album gestalten: Zu den Bildern schreibt man das auf, was man unterwegs gesehen, was einem besonders gefallen und einen beeindruckt hat – und was das schönste Erlebnis im Urlaub gewesen ist. Auf diese Weise kann man die Reise noch einmal nacherleben. Und wie schön ist es, wenn man sich dann und wann sein kleines Buch wieder zur Hand nimmt und darin blättert.

Doch nicht alle Familien können in Urlaub fahren. Aber auch zu Hause kann man es sich schön machen. Hier einige Ideen:

Erkunde deinen Heimatort

Mehrere Kinder bilden zwei Gruppen: jede Gruppe erkundet den Heimatort bzw. die nächstgelegene Stadt und notiert dazu zehn oder mehr Fragen, z.B.: wann wurde der Dom erbaut, wer steht auf dem Denkmal am Marktplatz, welches ist das älteste Wirtshaus. Zu einer festgelegten Zeit bekommen die beiden Gruppen die Fragen der jeweils anderen. Die Gruppe, die als erste wieder am Ausgangspunkt eintrifft und die meisten Fragen richtig beantwortet hat, hat gewonnen.

Botschaftsspiel im Grünen

Eine Gruppe von Kindern wählt einen Weg zu einem bestimmten Ziel im Wald. Sie denkt sich für die andere Gruppe ca. zehn Botschaften aus, die unterwegs an markanten Punkten angebracht werden. Die dürfen natürlich als Rätsel formuliert werden, müssen aber lösbar sein. Die erste Botschaft hängt am Ausgangspunkt und lautet z.B.: »Ihr geht ca. 24 x 15 m in Richtung Norden. Dort steht ein Baum, so wie der, der im Märchen von Frau Holle geschüttelt und gerüttelt wird. Hier findet ihr die nächste Botschaft.« Die Gruppe, die die Botschaften unterwegs anbringt, hat eine halbe Stunde Vorsprung. Am Zielort versteckt sie sich. Wenn der »Suchtrupp« sie nach einer Stunde der Suchzeit nicht gefunden hat, hat die »Botschaftsgruppe« gewonnen. Für die nächste Spielrunde werden die Rollen getauscht.

Es gibt leider auch Kinder, die mit nicht so frohen Gefühlen in die Ferien gehen, weil sie schlechte Noten haben oder die Klasse wiederholen müssen. Da viele Kinder Angst haben, mit einem schlechten Zeugnis nach Hause zu kommen und vielleicht mit Strafen rechnen, hat die Telefonseelsorge an den Tagen der Zeugnisausgabe einen speziellen Notdienst für Kinder eingerichtet. Allemal besser aber ist es, mit dem Kind über das Zeugnis und die Schwächen in einzelnen Fächern zu reden und gemeinsam zu überlegen, wie man damit im kommenden Schuljahr besser umgehen kann.

Es hat Zeugnisse gegeben

Julian will heute eigentlich nicht nach Hause gehen. Er hat Angst. Aber wo soll er hin? All seine Klassenkameraden sind schon weg. Sein Freund Marco fährt gleich nach Schulschluss mit seinen Eltern nach Italien. Lisa hat auch schon etwas anderes vor. Langsam verlässt er das Schulhaus und schleicht sich zum Fluss. Während er am Ufer entlanggeht, laufen ihm die Tränen über das Gesicht. Was werden die Eltern dazu sagen, dass er sitzen geblieben ist. Sie haben einen Versager zum Sohn. Das werden sie denken. Er schämt sich. Und er ist traurig. Seine kleine Schwester ist immer gut in der Schule. Stets muss er mit ansehen, wie sie von seinen Eltern gelobt wird.

Er wird selten gelobt. Vielleicht einmal, wenn es ihm gelungen ist, im nahe gelegenen Fluss einen Fisch zu fangen.

Aber sonst? Das Weinen hat ihn müde gemacht. Er weiß nicht, wie lange er gelaufen ist. Schließlich setzt er sich in das warme Gras und schläft so fest ein, dass er nicht merkt, dass es inzwischen später Nachmittag geworden ist.

Plötzlich wacht er auf. Jemand hat laut seinen Namen gerufen. Er schaut sich um, aber er kann sich nicht orientieren. Doch dann hört er wieder die Stimme: »Julian!« Er steht auf, nimmt seine Schultasche und geht in die Richtung, aus der die Laute gekommen sind. Es dauert nicht lange,

bis sein Vater ihn in die Arme schließt. Jetzt muss Julian ganz heftig schluchzen. »Junge«, sagt sein Vater, »was machst du denn für Sachen? Wir haben solche Angst um dich gehabt.«

Zu Hause gibt es erst einmal etwas zu essen. Julian hat einen riesigen Hunger und greift kräftig zu. Danach aber muss er mit der Sprache herausrücken. Er druckst ein wenig herum. Dann zeigt er sein Zeugnis. Er erwartet, dass sie schrecklich mit ihm schimpfen. Doch es kommt anders. Mutter und Vater drücken ihn ganz fest. »Deshalb musst du doch nicht weglaufen«, sagen sie. »Da machst du die Klasse eben noch einmal. Wir werden in Zukunft mit dir jeden Tag rechnen üben«, setzen sie noch hinzu. Seine Schwester streichelt ihm über das Haar. Auch sie ist froh, dass ihr Bruder wieder da ist. Julian atmet auf. Sie mögen ihn, obwohl er versagt hat. Als sein Vater aber nach dem Essen gesteht, dass er selbst auch einmal in der Schule sitzen geblieben ist, bleibt Julian für einen Augenblick die Sprache weg. Und dann können alle miteinander darüber laut lachen.

CHRISTA SPILLING-NÖKER

Die vier Elemente

> **Tipp:**
> Zu den vier Elementen Erde, Feuer, Wasser und Luft lassen sich ganze Tage gestalten. Ideen dazu gibt es auf den folgenden Seiten.

Sei wie Feuer:
glühend in Lust und Liebe,
brennend für neue Ideen,
lodernd in den Flammen von Fantasie
und Leidenschaft!

Sei wie Wasser:
klar und tief in den Gefühlen und Gedanken,
wild strudelnd vor Lebendigkeit,
überströmend in Freundschaft und Liebe!

Sei wie Luft:
leicht und frei für das Spiel der Träume,
durchlässig für das Licht eines neuen Morgens,
kraftvoller Atem, der lebendig macht!

Sei wie Erde:
fest und sicher für die Schritte deiner
Entscheidungen und Ziele,
fruchtbar für das Aufkeimen neuer Hoffnungen
und das Aufblühen von Erfüllung und Glück!

CHRISTA SPILLING-NÖKER

Feuer – Glut des Lebens

Wir machen ein Lagerfeuer: Wenn wir im Freien grillen wollen, müssen wir zunächst abklären, wo wir ein Lagerfeuer errichten oder grillen dürfen. Im heimischen Garten ist es vermutlich unproblematisch; im Wald gibt es bestimmte Feuer- und Grillplätze. Grundsätzlich muss man zuvor den Förster um Genehmigung fragen, damit man keinen Waldbrand entfacht. Dann kann es ans Holzsammeln gehen.
Auf jeden Fall an Streichhölzer und evtl. an Grillanzünder - und natürlich an Löschwasser denken! Und wenn dann das Lagerfeuer prasselt, kann man darüber leckere Stockbrote backen.

Stockbrote

➜ **Zutaten für ca. 10 bis 12 Portionen:**
400 g Mehl, 1/2 TL Salz, 2 TL Backpulver, 60 g Butter, 1/8 l Milch

➜ **Zubereitung:**
Das Mehl mit dem Backpulver in eine Schüssel sieben, die zimmerwarme Butter, das Salz und die lauwarme Milch dazugeben und mit den Knethaken der Küchenmaschine zu einem festen Mürbeteig verarbeiten. Den Teig in eine Folie wickeln und 1/2 Stunde im Kühlschrank ruhen lassen.
Dann aus dem Teig 3 cm dicke und ca. 8 cm lange Teigrollen formen. Von dickeren langen (!) Zweigen (in der unmittelbaren Nähe des Feuers ist es sehr heiß) am oberen Ende mit einem scharfen Messer die Rinde entfernen. Nun die Teigstücke auf die Spitze des Zweigs stecken und leicht andrücken. Das Brot dann etwa 15 Minuten über die Flamme oder die Glut halten; der Stock muss dabei natürlich gedreht werden, damit das Brot von allen Seiten gleich bräunt. Je nach Geschmack kann der Teig mit Knoblauch- und/oder Zwiebelwürfeln oder gehackten Kräutern verfeinert werden. Dazu schmecken gegrillte Würstchen oder Zaziki.

Wer satt ist, aber noch abenteuerlustig, kann sich im Mondlicht auf eine Nachtwanderung begeben. Wichtig: Gutes Schuhzeug und Taschenlampen. Der Weg sollte zuvor bei Tageslicht abgegangen und evtl. mit bunten Fähnchen markiert worden sein, damit man sich nicht verläuft. Und wer eine gute Gruselgeschichte kennt, kann die natürlich auch erzählen.

Beim Apfelbaum in Henners Garten, verborgen hinter den alten Johannisbeerbüschen, hatten sie sich aus Bohnenstangen und Decken ein Zelt gebaut.

»Richtige Indianer müssen ein Lagerfeuer haben«, sagte Aki, der Häuptling Adlerauge. »Blaue Feder und Junger Hirsch! Ihr werdet Holz holen. Ich habe gesprochen. Howgh!«

Stefan und Henner suchten trockene Zweige. Sie taten immer, was Aki sagte. Er war doch zwei Jahre älter als sie. Stefan schichtete das Holz auf, Henner stopfte Papier darunter, und Aki zündete das Feuer an. Sie saßen vor dem Zelt und sahen den Flammen zu. Aki warf eine Packung Zigaretten in die Luft und fing sie wieder auf. »Richtige Indianer rauchen, wenn sie am Lagerfeuer sitzen.«

»Wollen wir uns nicht lieber Geschichten erzählen, großer Häuptling Adlerauge?«, fragte Henner.

Stefan beugte sich zu Aki und flüsterte: »Dem wird nämlich schlecht vom Rauchen!«

Henner wurde rot. Er sagte: »Ihr könnt ja alleine rauchen.«

»Junger Hirsch ist noch ein Knabe«, murmelte Aki.

»Quatsch! Mein Vater raucht auch nicht!« Henner stand auf und rührte mit dem Ast in der Feuerstelle. Weißer, beizender Qualm stieg auf.

»Uff! Er kann noch nicht einmal ein Feuer versorgen!«, rief Stefan. »Junger Hirsch soll zu seiner Mutter gehen und sich die Nase putzen lassen!«

Henner pustete in die Glut. Jetzt trieb der Qualm den beiden anderen ins Gesicht. Aki hustete und sagte: »Wir werden ihn zu den kleinen Mädchen schicken. Er mag mit ihnen im Kreise hüpfen. Ein richtiger Apache wird doch nie aus ihm. Ich habe gesprochen! Howgh!«

»Und ihr seid richtige Idioten!«, schrie Henner und hieb mit dem Ast in die Feuerstelle, dass Funken aufstoben. Aki sprang auf und packte Henner bei den Armen. »Das nimmst du jetzt zurück!«

»Nein!« Henner trat gegen Akis Beine.

»An den Marterpfahl mit ihm! Er muss an den Marterpfahl, großer Häuptling Adlerauge.« Stefan hatte schon eine Schnur in der Hand.

»Gib her, du hast recht, Blaue Feder. Wir müssen diesen Kerl an den Marterpfahl binden, damit er endlich ein richtiger Apache wird.«

»Ich gehöre doch zu euch!«, rief Henner. »Ich bin doch kein feindlicher Komantsche! Ihr könnt mich doch nicht an den Marterpfahl binden, weil ich nicht rauchen will!«

»Hörst du, Blaue Feder, wie kläglich er jammert?«

»Ich höre es, großer Häuptling Adlerauge.« Aki und Stefan lachten und banden Henner an den Apfelbaum. Er wehrte sich nicht. Die dünne Schnur hätte er leicht zerreißen können, aber jetzt musste er ihnen zeigen, dass er ein richtiger Apache war! Dicht vor ihm schwelte das Feuer. Seine Augen brannten vom Qualm. Aki und Stefan tanzten auf der anderen Seite der Feuerstelle, und er konnte sie jetzt nicht sehen, aber er hörte, wie sie tuschelten und schrien:

»Er wird gebraten! Er wird geröstet! Warum weinst du, Junger Hirsch? Die wilden Tiere werden sich das Maul lecken, wenn sie dich heute nacht zu fressen bekommen!«

»Ihr stinkenden Kojoten«, murmelte Henner.

»Uff, uff!«, rief Aki. »Was hören meine Ohren? Komm, Blaue Feder, wir suchen uns einen anderen Platz und rauchen dort in Ruhe unsere Friedenspfeife. Wo dieser Hund atmet, ist die Luft verpestet.« Sie gingen dicht an Henner vorbei und spuckten ihm beide vor die Füße. Hinter dem Apfelbaum setzten sie sich ins Gras. Henner konnte sie jetzt nicht sehen, aber er hörte, wie sie tuschelten und lachten. Henner summte leise ein Lied. Sangen die tapferen Apachen nicht, wenn sie am Marterpfahl standen? Das hatte er einmal gelesen. Und die beiden anderen sollten nicht denken, dass ihm das alles etwas ausmachte. Aber seine Lippen zitterten. Er schwieg bald wieder.

»Irgendwo heult ein Schakal. Hörst du es, großer Häuptling Adlerauge?«, fragte Stefan laut.

»Ich höre ihn, mein Bruder Blaue Feder. Und seine Stimme klingt wie die Stimme des Apachen Feiger Hirsch.« Sie lachten. Ein Windstoß fuhr in die Feuerstelle und ließ das Feuer wieder aufflackern. Henner verkrampfte die Zehen in den Sandalen und presste sich enger an den Baumstamm. Diese Hitze in den Beinen! Aber das musste ein Apache aushalten können. Nur nicht weglaufen!

Doch dann trieb der Wind die Flammen auf ihn zu, und er fühlte einen schneidenden Schmerz an seinen Beinen. Er stöhnte.

»Aha! Jetzt wird er weich!«, sagte Stefan hinter seinem Rücken.

Aber Aki rief: »Das Feuer!« Er sprang herbei, schnitt die Fesseln durch und zog Henner mit sich fort. »Mensch! Deine Beine!«

»Ist nicht so schlimm«, murmelte Henner und humpelte zum Haus.

»Warum lässt du ihn laufen?«, fragte Stefan. »Wenn er jetzt seiner Mutter erzählt, dass wir ihn angebunden hatten!« Aki zuckte die Schultern. »Los, wir machen das Feuer aus und gehen weg.« Am Abend fuhr Aki mit dem Rad an Henners Haus vorbei. Er wollte schnell noch den Kopf zur anderen Straßenseite wenden, aber da rief Henners Mutter schon aus dem Fenster: »Hallo! Aki!« Und als er anhielt und »n' Abend!« sagte, fragte sie:

»Kannst du morgen früh vor der Schule bei uns schellen? Ich will dir einen Brief an den Lehrer mitgeben. Henner muss ein paar Tage zu Hause bleiben, er hat sich an den Beinen verbrannt. Beim Indianerspielen ist er ins Feuer gefallen, sagt er. Wie kam das nur?«

»Ins Feuer gefallen?«, fragte Aki. »Ach so!« Er wurde rot. »Jetzt muss ich Milch holen. Schönen Gruß an Henner. Bis morgen früh. Wiedersehen!«

URSULA WÖLFEL

Wasser – Quelle des Lebens

Vom ersten Moment an sind wir mit dem Element Wasser vertraut: Bereits im Mutterleib schwimmt das Kind im Fruchtwasser. Und ein Leben lang gehört das wichtige Element zu unserem Alltag dazu: Beim Waschen und Zähneputzen, beim Kochen, Essen und Trinken - und natürlich auch, wenn es mal regnet. Wasser ist wichtig - und macht Spaß. Beide Aspekte werden hier aufgegriffen.

Wasser-Stafette

Zwei Teams – denkbar sind zum Beispiel auch zwei Familien – stellen sich hintereinander auf. Der Erste bekommt einen flachen Teller. Vor jeder Mannschaft befindet sich ein leerer Eimer, ca. 10 bis 20 Meter davon entfernt steht ein mit Wasser gefüllter Eimer. Beim Startsignal läuft der jeweils Erste der beiden Gruppen zu dem vollen Eimer, füllt seinen Teller mit Wasser, schüttet es in den leeren Eimer und reicht seinen leeren Teller dem nächsten Teilnehmer seiner Mannschaft, der nun wiederum Wasser schöpft. Die Gruppe, die nach drei Läufen – oder nach einer festgesetzten Zeit – am meisten Wasser transportiert hat, ist Sieger. Für »Fortgeschrittene« kann der Lauf auch noch mit Hindernissen, wie etwa Flaschen, die zu übersteigen sind, erschwert werden.
Eine Variante des Spiels besteht darin, dass jede Gruppe einen Schwamm bekommt, mit dem sie das Wasser aufsaugen und im gegenüberliegenden Eimer wieder aus dem Schwamm herausdrücken soll.

Einen Staudamm bauen

Es macht Spaß, mit der Familie an einen Bach in der Nähe zu fahren. Dort heißt es dann, die Schuhe auszuziehen, lange Hosen hochzukrempeln (oder gleich Badehosen oder kurze Hosen anzuziehen) und einen kleinen Bachlauf aufzustauen. Dafür eignen sich vor allem Steine, Kiesel und Moos. Hat man sein Ziel erreicht und einen kleinen Lauf im Bach erfolgreich aufgestaut, ist es ebenso spannend, wenn man den kleinen Staudamm wieder entfernt und zusieht, wie das Wasser erneut ungehindert strömen kann.

Schiffchen basteln und schwimmen lassen

Man nimmt dazu am besten ein Stück Rinde von einer Kiefer, steckt einen Bogen weißes Papier auf einen Schaschlikspieß und drückt diesen mit der Spitze in die Rinde. Und auf geht's. Wessen Schiffchen wohl am schnellsten schwimmt oder am weitesten kommt?

Vom Wert des Wassers

Für uns ist es selbstverständlich, jeden Tag genug Wasser zum Duschen, zum Wäsche waschen, zum Kochen und zum Trinken zu haben. Wir brauchen nur den Wasserhahn aufzudrehen. Das ist nicht überall auf der Welt so.

Das Mädchen Jala erzählt uns von seiner afrikanischen Heimat Sudan: »Der Tag beginnt für uns gleich nach Sonnenaufgang. Zum Frühstück gibt es für jeden von uns eine kleine Schüssel mit Hirsebrei. Während mein Vater und meine Brüder zur Feldarbeit aufbrechen, machen sich meine Mutter, meine Schwester und ich auf, um aus den Bergen sauberes Wasser und Brennholz zu holen. Meistens sind wir etwa zwei Stunden unterwegs. Wir lassen unsere Tonkrüge in das Wasserloch hinab. Erst einmal trinken wir selbst und reinigen uns. Dann schöpfen wir noch einmal Wasser, um es auf dem Kopf nach Hause zu tragen. Da meine Schwester erst sechs Jahre alt ist und ich auch erst zehn Jahre alt bin, können wir noch nicht so viel tragen wie erwachsene Frauen. Die 30 bis 40 Liter müssen dann für uns alle reichen: zum Trinken, zum Kochen, zum Waschen und für die Wäschepflege. Schlimm ist es in der Trockenzeit. An den wenigen Stellen, an denen noch Wasser zu finden ist, streiten sich die Menschen, wer zuerst etwas bekommen darf. Manchmal bleibt der Regen so lange aus, dass auch an den Wasserlöchern nichts mehr zu holen ist. Einmal sind wir Kinder zum fast ausgetrockneten Tümpel gegangen und haben mit der Hand das faule, schmutzige Wasser geschöpft und getrunken, weil wir den Durst einfach nicht mehr ausgehalten haben. Wir haben davon hohes Fieber und Durchfall bekommen. Mein dreijähriger Bruder ist daran gestorben. Wenn die Trockenzeit wieder einmal kein Ende nimmt, beten wir im Dorf alle zusammen. Wenn es aber endlich regnet, sind wir überglücklich. Wir Kinder springen und tanzen im warmen Regen umher und singen. Denn nun wissen wir, dass wir eine gute Ernte bekommen werden und nicht hungern müssen.

Luft – Atem des Lebens

Man sieht sie nicht, aber man braucht sie: Die Luft um uns herum. Und damit wir uns bewusst werden, wie wichtig die Luft zum Atmen ist, starten wir mit einer Atemübung. Wir stellen uns alle im Kreis auf, recken und strecken uns, stehen dann ganz gerade und atmen zunächst einmal tief durch die Nase ein und gemeinsam langsam durch den Mund wieder aus: Diese Übung wiederholen wir ein paar Mal hintereinander, bis der Atem bei allen gleichmäßig fließt.

So gestärkt kann man mit dem Element Luft so richtig aktiv umgehen: Gemeinsam einen Dauerlauf machen. Wem geht zuerst die Puste aus? Luftballons aufblasen: Sieger ist, wessen Ballon als erster platzt. Oder: Wer macht die schönsten Seifenblasen?

 **Wattepusten**

. . . .

▸ Was wir brauchen:
- ◉ Wattebällchen oder einen Tischtennisball
- ◉ leere Tischplatte

. . . .

▸ Wie es geht:
Alle Mitspieler sitzen um den Tisch herum und haben die Hände unter dem Tisch. Ein Mitspieler legt das Wattebällchen bzw. den Tischtennisball in die Mitte. Alle pusten und versuchen, das Bällchen bei einem ihrer Mitspieler vom Tisch zu blasen. Jeder Teilnehmer, bei dem das Bällchen vom Tisch fällt, erhält einen Strafpunkt. Gewonnen hat, wer am wenigsten Strafpunkte hat.

. . . .

Hundert bunte Luftballons

»Sieh nur, Mami«, mein Luftballon schwebt schon ganz da oben über den Bäumen, der blaue, siehst du ihn? Ob ihn wohl jemand findet und mir einen Brief schreibt?«

Der Kindergarten hatte zum Abschluss des diesjährigen Sommerfestes allen Kindern einen Luftballon geschenkt. An jedem waren Name und Adresse des jeweiligen Kindes angebunden. Alle hofften natürlich darauf, dass ihr Ballon irgendwo von Menschen in der Ferne gefunden würde und sie eine bunte Ansichtskarte aus entlegenen Landstrichen, am liebsten gar aus fremden Ländern erreichen würde.

Die Mutter sah den hundert bunten Luftballons hinterher. Wie Träume, dachte sie, die zum Himmel steigen. Einige bleiben irgendwo hängen und zerplatzen schnell, andere steigen weit auf und tragen Hoffnungen und Sehnsüchte hoch hinauf in die Wolken. Mancher wird ein Echo finden und seinen Absender dadurch fröhlich stimmen.

Eigentlich ist das auch so eine Art Gebet, ging es ihr durch den Kopf. Im Geist band sie ihre tiefsten Wünsche und Lebensträume an die bunten Ballons und sah ihnen zusammen mit ihrer kleinen Tochter nach, bis auch der letzte am Horizont verschwunden war.

»Wir werden bestimmt Antwort bekommen«, sagte sie mit fester Stimme, »ganz bestimmt.«

CHRISTA SPILLING-NÖKER

Gott gab uns Atem, damit wir leben

1. Gott gab uns A-tem, da-mit wir le-ben, er gab uns Au-gen, dass wir uns sehn. Gott hat uns die-se Er-de ge-ge-ben, dass wir auf ihr die Zeit be-stehn. Gott hat uns die-se Er-de ge-ge-ben, dass wir auf ihr die Zeit be-stehn.

2. Gott gab uns Ohren, damit wir hören.
   Er gab uns Worte, dass wir verstehn.
   |: Gott will nicht diese Erde zerstören.
   Er schuf sie gut, er schuf sie schön. :|

3. Gott gab uns Hände, damit wir handeln.
   Er gab uns Füße, dass wir fest stehn.
   |: Gott will mit uns die Erde verwandeln.
   Wir können neu ins Leben gehn. :|

TEXT: ECKART BÜCKEN © STRUBE VERLAG MÜNCHEN-BERLIN / MUSIK: FRITZ BALTRUWEIT
© TVD-VERLAG DÜSSELDORF / AUS: ES SIND DOCH DEINE KINDER, 1983

Erde – Kraft allen Lebens

Es macht Spaß, mit den Händen einmal richtig in feuchter Erde, in Matsch, Lehm und Ton zu wühlen und sich dabei auch schmutzig machen zu dürfen. Die alten Ägypter glaubten, dass der widderköpfige Gott Chnum die Menschen auf einer Töpferscheibe geformt habe. Und auch die Bibel erzählt im zweiten Schöpfungsbericht (Genesis 2), wie Gott den Menschen aus Lehm erschaffen hat. Nicht zuletzt wird auch in den Psalmen die Schöpfung gepriesen.

Herr, unser Gott! Wie wunderbar ist auf der ganzen Erde dein Name!
Deine Herrlichkeit hast du ausgebreitet über die Himmel.
Aus dem Mund der Kinder und Kleinen hast du dir Lob bereitet,
zu beschämen die Feinde; Widersacher und Gegner müssen verstummen.
Ich schaue den Himmel, das Werk deiner Finger,
den Mond und die Sterne, die du geschaffen.
Was ist der Mensch, dass du seiner gedenkst!
Des Menschen Sohn, dass du Sorge trägst um ihn!
Du hast ihn nur wenig unter die Engel gestellt,
hast ihn gekrönt mit Ehre und Herrlichkeit.
Du hast ihm Macht gegeben über das Werk deiner Hände,
alles hast du ihm zu Füßen gelegt:
All die Schafe und Rinder und die Tiere des Feldes,
die Vögel des Himmels und die Fische im Meer
und alles, was dahinzieht die Pfade der Meere.
Herr, unser Gott! Wie wunderbar ist auf der ganzen Erde dein Name!

PSALM 8

 Figuren aus Ton

Wir können selbst einmal ausprobieren, wie es ist, Figuren aus Ton zu gestalten. Gut eignet sich dazu Soft-Ton aus dem Bastelgeschäft. Er härtet an der Luft, sodass ein Brennofen nicht nötig ist. Die fertigen Modelle können mit Bastelfarben bemalt werden. Aus dem Ton kann man alle möglichen Fantasiefiguren und Formen gestalten. Man kann sich aber auch auf ein – mit den Kindern besprochenes – Thema einigen: Blumen, Tiere, Bäume – oder alles, was einem zur Schöpfung einfällt.

Vom Lauf der Zeit

Heute nehme ich mir Zeit – für dich und für mich

Sagen Sie einmal einem anderen Menschen, Sie hätten Zeit. Er würde sie wahrscheinlich für verrückt erklären. Oder für faul. Jedenfalls gilt es in unserer Gesellschaft als normal, keine Zeit zu haben. Man hat schließlich ständig etwas um die Ohren, ist gefordert und kommt nicht einmal zu sich selbst. Abends hockt man sich vor den Fernseher, um abschalten zu können. Aber vielleicht ginge es ja auch einmal ganz anders. Man könnte zum Beispiel einmal einen Tag lang (alles) abschalten: Gemeinsam verzichten wir einen Tag lang auf alle elektrischen und elektronischen Geräte und überlegen, wie man die Zeit miteinander gestalten kann. Zum Beispiel: es gibt kein warmes Essen, sondern einen Salat, dazu Brot, Käse, Milch, Kakao, Sprudel oder Säfte. Gemeinsam einen Spaziergang machen und etwas spielen. Alte Fotoalben hervorkramen und darin blättern. Briefe schreiben. Miteinander singen. Malen. Basteln. Sich eine kurze Zeit (vielleicht zehn Minuten) in Stille üben. Andere Menschen besuchen, z. B. die Großeltern, Onkel, Tanten, Nachbarn, Freundinnen und Freunde. Gäste einladen. Am Abend oder am nächsten Tag kann man dann miteinander darüber reden, wie man diesen Tag ohne die gewohnte Technik erlebt hat.

Zeit für andere

Nimm dir Zeit
für einen anderen Menschen,
der sich bei dir aussprechen möchte,
eine Stunde lang – oder auch zwei.

Nimm dir Zeit
für einen anderen Menschen,
der deiner tatkräftigen Unterstützung bedarf,
am Abend oder auch an den Wochenenden.

Nimm dir Zeit
für einen anderen Menschen,
denn deine Zeit gehört
nicht nur dir allein.

CHRISTA SPILLING-NÖKER

Als dem Fernseher das Lachen verging

Es geschah im letzten Sommer, als Herr und Frau Jedermann eines Abends vergaßen, den Fernseher im Wohnzimmer auszuschalten. Beide waren schon während des Spätfilms eingeschlafen und als sie erwachten ganz schnell ins Schlafzimmer gelaufen und unter die Bettdecke geschlüpft. Es dauerte eine kleine Weile, bis der Fernseher merkte, dass ihn niemand mehr beachtete. Plötzlich lachte er laut auf. Die Stereoanlage reagierte verärgert. »Was machst du denn für einen Krach mitten in der Nacht, ich habe schon tief und fest geschlafen.« »Kein Wunder«, höhnte der Fernsehapparat, »seitdem die Menschen mich haben, der ihnen zu Tönen und Geräuschen gleichzeitig bunte Bilder ins Haus zaubert, stehst du ja auch weitgehend ungenutzt herum.« »Bei mir können die Menschen aber wählen, welche Musik sie hören wollen«, erwiderte der CD-Player verärgert.« Der Streit zwischen ihnen wurde lauter, bis sich auch das Telefon meldete. »Mit mir können die Menschen Verbindungen in alle Welt aufnehmen«, klingelte es dezent vor sich hin. »Du mit deinem antiquierten Kabel«, spottete nunmehr das Handy, »mich können sie in die ganze Welt mitnehmen und von überall aus jemanden anrufen.« Beschämt schwieg das Telefon. Da ergriff der Fernseher das Wort: »Im Grunde sind die Menschen doch ohne einen jeden von uns völlig hilflos. Ich mache euch einen Vorschlag. Wir treten einfach alle zusammen in den Streik. Dann wollen wir mal sehen, wie Familie Jedermann ohne uns durch den Tag kommt.«

Nach anfänglichem Zögern stimmten die anderen zu. »Dann müssen aber auch alle anderen elektrischen und elektronischen Geräte mitmachen«, schaltete sich der Fernseher erneut ein. Handy und Telefon übernahmen in nunmehr stiller Eintracht die Aufgabe, auch den Radiowecker im Schlafzimmer, die Waschmaschine, den Wäschetrockner, den Fön, die Zahnbürsten und den Rasierer im Bad sowie sämtliche Küchengeräte zu informieren. »Das wird was geben«, freuten sich alle und warteten gespannt auf den kommenden Tag.

Dieser Tag begann mit dem allergrößten Chaos. Herr Jedermann blickte, als er vom Straßenlärm unsanft aus dem Schlaf gerissen wurde, voller Entsetzen auf seinen Radiowecker, der allerdings keine Uhrzeit anzeigte. Ein Blick auf die Armbanduhr entlockte ihm einen entsetzten Aufschrei: »Neun Uhr schon, Himmel noch einmal, ich habe tatsächlich verschlafen!« Unsanft weckte er seine Frau, sprang aus dem Bett und eilte ins Badezimmer. Seine Stimmung hob sich nicht gerade, als er bemerkte, dass weder seine elektrische Zahnbürste noch sein Rasierer funktionierten. »Schnell, einen Kaffee, ich habe gleich einen wichtigen Termin in der Firma«, rief er seiner Frau zu, die vergeblich versuchte, die Kaffeemaschine in Betrieb zu setzen. Frau Jedermann hatte inzwischen einen Kessel auf den Herd gestellt, um Teewasser zu erhitzen – doch auch der Herd verhielt sich ruhig. »Hat sich denn heute alles gegen uns verschworen?«, fragte sie wütend. Sie wollte schnell den Elektriker anrufen, hatte aber da nicht die Rechnung mit den ebenfalls streikenden Telefonen gemacht. Schließlich fiel ihr ein, dass die beiden älteren Kinder noch schliefen, die inzwischen längst hätten in der Schule sein müssen.

Sie strich ihnen schnell jeweils ein Brötchen; die Butter allerdings war in dem erwärmten Kühlschrank gelbweich geworden und stieß bei ihren Sprösslingen auf harte Kritik.

Und so chaotisch, wie dieser Tag angefangen hatte, ging er natürlich weiter. Mittags gab es kein warmes Essen, und am Nachmittag klagte der Sohn des Hauses, dass sein Computer mittlerweile ebenfalls seinen Geist aufgegeben habe. Die Tochter, deren höchstes Vergnügen es war, sich nach der Schule erst einmal eine Talkshow anzuschauen, wurde ebenfalls frustriert.

Nur Christinchen, der jüngste Spross des Hauses, hatte sich der äußerst ungemütlichen Atmosphäre in ihrer Familie still entzogen. Sie war in den Garten geschlichen, nutzte die Gunst der Stunde und kroch hinter die Himbeerhecke zwischen die Erdbeersträucher, ein Vergnügen, das ihr sonst untersagt war, weil die Mutter all die herrlichen frischen sommerlichen Früchte für den Winter einfrieren wollte. Christinchen winkte ihren ebenfalls drei Jahre alten Freund Tom herüber, der geschickt durch das kleine Loch in der Gartenhecke kroch, die das Grundstück der Familie Jedermann von dem der Nachbarn trennte. Und da saßen die beiden Kleinen auf dem Rand der Sand-

kiste in der Sonne und genossen die köstlichen Beeren.

Vor lauter Verzweiflung über die häusliche Misere vergaß Frau Jedermann, ihre Jüngste mittags hereinzuholen und zum Mittagsschlaf ins Bett zu legen. Erst am frühen Abend rief sie die Kleine ins Haus, in dem nach wie vor alles drunter und drüber ging. Keiner wusste so recht, was er ohne Radio, ohne Computer und ohne Fernseher mit seiner Freizeit anfangen sollte.

»Was hast du denn den ganzen Tag über gemacht?«, fragte die Mutter die Kleine. »Ich habe mit Tom gespielt«, erzählte Christinchen. »Die Sonnenstrahlen haben uns im Gesicht herumgetanzt, die Vögel haben gesungen und wir auch. Dann haben wir für unsere Puppen und Teddys Gänseblümchen gepflückt. Und ein paar Beeren genascht.« »Das ist nicht zu übersehen«, sagte die Mutter leise, als sie ihrer Tochter den Mund abwischte. Aber sie schimpfte dieses Mal nicht. Christinchens kleine Person strahlte eine so tiefe Zufriedenheit aus, die eine ansteckende Wirkung auf die ganze Familie hatte. Noch bevor die Mutter ihr Töchterchen ins Bett gebracht hatte, war die Kleine schon mit einem überglücklichen Gesichtsausdruck auf ihren Armen eingeschlafen. ➜

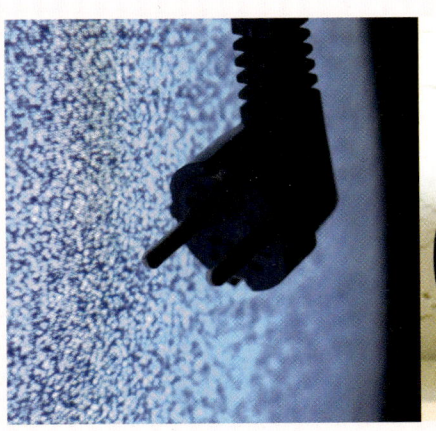

»Und was machen wir jetzt mit dem angebrochenen Abend?«, fragten die beiden älteren Kinder wie aus einem Mund mit lustloser Miene. »Ihr lauft jetzt schnell zu den Nachbarn hinüber und ladet sie zu einem Glas Wein ein. Und dann setzen wir uns miteinander in der Abendsonne in die Rosenlaube im Garten, lauschen dem Gesang der Vögel und spielen miteinander«, erwiderten Frau und Herr Jedermann ebenfalls gemeinsam.

Es wurde ein gemütlicher Abend. Schon lange hatten die Familien, die nebeneinander Haus an Haus wohnten, nicht mehr so viel miteinander geredet und gelacht.

Dass Herr Jedermann schlecht rasiert war und ein ungebügeltes Hemd trug, fiel dabei überhaupt nicht auf. »Wir sollten uns öfter einmal wieder zusammensetzen«, schlugen die Nachbarn vor, als sie sich gegen Mitternacht von Familie Jedermann verabschiedeten und für den so spontanen und wunderschönen Abend bedankten. »Das hat uns gerade noch gefehlt«, stöhnten nachts, als die ganze Familie außerordentlich zufrieden im Schlaf versunken war, die streikenden Geräte, »dass die jetzt auch ohne uns auskommen«. Selbst dem Fernseher blieb das Lachen in der Bildröhre stecken.

CHRISTA SPILLING-NÖKER

Geschenkte Zeit: Den Sonntag feiern

Der Sonntag ist nach christlichem Verständnis der erste Tag der Woche. Er soll an den Tag erinnern, an dem Jesus Christus - der Verkündigung des Neuen Testaments nach - drei Tage nach der Kreuzigung von den Toten auferstanden ist. Er ist der »Tag des Herrn«, der »dies Domini«, eine Würdigung, die sich in den romanischen Sprachen noch in den Bezeichnungen des Sonntags als Dimanche (französisch), Domingo (italienisch) und Domenico (spanisch) fortsetzt. Dementsprechend sollte man den Sonntag miteinander so gestalten, dass er sich sichtbar und spürbar vom Alltag abhebt.

 Wie ich den Sonntag erlebe

Was macht den Sonntag eigentlich so besonders? Jedem fallen da andere Dinge ein – und es ist spannend, sich darüber auszutauschen. Dazu kann man in der der Familie eine Runde zum Sonntag machen und praktisch alle fünf Sinne sprechen lassen:

- ◎ Der Sonntag sieht für mich aus wie ...
- ◎ Der Sonntag riecht für mich wie ...
- ◎ Der Sonntag klingt für mich wie ...
- ◎ Der Sonntag schmeckt für mich wie ...
- ◎ Der Sonntag fühlt sich für mich an wie ...

Einen Tag in der Woche
freihalten
von Arbeit und Pflicht,
um das Geschenk des Lebens zu feiern
voller Freude und Glück.

Einen Tag in der Woche
nicht erschöpft vor dem Fernseher sitzen,
sondern seinen eigenen schöpferischen Kräften
Spielraum gewähren
zur Entfaltung seiner selbst.

Einen Tag in der Woche
sich nicht zerstreuen müssen,
sondern sich sammeln dürfen,
um in Ruhe bedenken zu können,
was war und was ist und was wird.

Einen Tag in der Woche
nicht unter dem Zwang von Aufgaben stehen,
sondern sich hingeben dürfen
– von Augenblick zu Augenblick –
in Liebe und Lebenslust.

Einen Tag in der Woche
nicht atemlos herumhetzen müssen,
sondern aufatmen können,
um die Seele zu weiten
und sich selbst zu entdecken –
Schritt für Schritt.

Einen Tag in der Woche
der tickenden Uhr einen Streich spielen,
sich der Tyrannei ihrer Zeiger entziehen
und sich Zeit schenken
für das Gespräch und das Schweigen,
für den Spaß und das Spiel.

Einen Tag in der Woche
nicht des morgens früh aufstehen müssen,
sondern auferstehen dürfen,
schon hier, heute und jetzt –
in eine Gegenwart
voller Hoffnung und Licht.

CHRISTA SPILLING-NÖKER

Ein besonders schöner Tag

Die elfjährige Anja schreibt in einem Brief: »Bei uns zu Hause ist der Sonntag immer ein besonders schöner Tag. Der Frühstückstisch wird festlich gedeckt. Dazu gehören natürlich eine Kerze und Tischschmuck. Das können im Frühling oder Sommer Blumen sein oder schöne Steine, die wir auf dem letzten Spaziergang gefunden haben; im Herbst bunte Blätter und Kastanien oder kleine Bastelarbeiten aus meiner Mädchengruppe oder aus der Kita meines kleinen Bruders Jan. Bevor wir mit dem Frühstück anfangen, trägt jeweils einer von uns etwas vor. Einmal ist es eine Liedstrophe oder ein Gedicht, eine kleine Geschichte aus dem Lesebuch oder auch einmal ein Satz aus der Bibel.

An manchen Sonntagen gehen wir zusammen in die Kirche. Während des Hauptgottesdienstes besuchen mein Bruder und ich den Kindergottesdienst. Aber bei sonnigem Wetter machen wir oft einen Tagesausflug. Mein Vater meint, man findet Gott auch in seiner Schöpfung, der Natur. Meistens planen wir solche Ausflüge zusammen. Unsere Eltern suchen immer Ziele heraus, an denen wir Kinder auch unseren Spaß haben. Das ist mal ein Abenteuerspielplatz, ein See mit Tretbootverleih, ein Freilichtmuseum, in dem man selbst Dinge in Bewegung setzen kann, oder die Besichtigung einer alten Burg. Dann stimmen wir ab, wohin wir am liebsten möchten.

An Regentagen gibt es am Nachmittag Kakao und einen selbst gebackenen Kuchen. Danach spielen wir ein bis zwei Stunden zusammen. Manchmal basteln wir auch etwas. Später dürfen Jan und ich eine Sendung im Fernsehen ansehen. Leider muss ich manchmal auch am Sonntag Hausaufgaben machen. Meine Mutter achtet aber darauf, dass ich die gleich nach dem Mittagessen erledige, damit ich den Nachmittag und Abend unbeschwert genießen kann. Wie jeden Tag, beschließen wir auch den Sonntag mit einem gemeinsamen Lied oder Gebet.«

Vom Morgen bis zum Abend – wie wir beten können

Nicht nur der Sonntag ist ein besonderer Tag – jeder Tag ist einmalig und besonders. Und das können wir auch im Alltag zum Ausdruck bringen. Es tut der Seele gut, den Tag durch Rituale zu gestalten. Durch Gebet oder Lied legen wir unsere Zeit in Gottes Hand. Am Morgen bitten wir Gott darum, uns auf den vor uns liegenden Wegen zu behüten und zu begleiten. Am Mittag danken wir dafür, dass wir zu essen haben und satt werden dürfen. Am Abend gehen wir in Gedanken noch einmal den vergangenen Tag durch: Was war besonders schön, was hat uns enttäuscht, wofür möchten wir danken. Wir wünschen uns einen guten Schlaf und vertrauen Gott uns selbst und die Menschen an, die wir lieb haben. Beten können wir mit festen Formulierungen, aber auch mit eigenen Worten. Gerade am Abend dient es der psychischen Entlastung, sich die Dinge von der Seele reden zu können, die einen bedrücken. Kinder haben oft auch das Bedürfnis, jeden Einzelnen zu nennen, den sie in Gottes Hand geborgen wissen wollen. Das darf, neben den Eltern, Großeltern, Geschwistern und Freundinnen wie Freunden auch ein Haustier sein, an dem das Kind hängt.

Gott, dieser Tag
und was er bringen mag,
sei mir aus deiner Hand gegeben:
Du bist der Weg, die Heimat
und das Leben.

VOLKSGUT

Den Tag begrüßen: Morgengebete

Jesus, wir danken dir,
dass du mit uns lebst.
Du bist immer bei uns.
Du weinst mit uns.
Du freust dich mit uns.
Du hungerst mit uns.
Du lernst mit uns.
Du segnest uns.
Jesus, wir bitten dich,
hilf allen Kindern,
den vielen, die Hunger haben,
den vielen, die krank sind,
den vielen, die behindert sind,
den vielen, die auf der Flucht sind,
den vielen, die arm sind
und den vielen, die reich sind.
Amen.

KINDERGEBET AUS SAMBIA

Danken für das Essen: Tischgebete

O Gott, von dem wir alles haben,
wir danken dir für deine Gaben.
Du speisest uns, weil du uns liebst.
So segne auch, was du uns gibst.

VOLKSGUT

Wir danken Gott, für dieses Essen,
doch wollen wir auch nicht vergessen,
dass viele Menschen auf der Welt
tagaus, tagein der Hunger quält.
Bewege uns für diese Not,
damit wir teilen unser Brot
und alle Menschen hier auf Erden
an jedem Tag gesättigt werden.

CHRISTA SPILLING-NÖKER

Den Tag ausklingen lassen: Abendgebete

Du, lieber Gott, behüte
in deiner großen Güte
mich auch in dieser Nacht.
Nimm von mir meine Sorgen –
bei dir bin ich geborgen,
bis mir ein neuer Tag erwacht.

CHRISTA SPILLING-NÖKER

Müde bin ich, geh zur Ruh,
schließe beide Augen zu.
Vater, lass die Augen dein
über meinem Bette sein.
Alle, die mir sind verwandt,
Gott, lass ruhn in deiner Hand;
alle Menschen, groß und klein,
sollen dir befohlen sein.
Amen.

VOLKSGUT

Herbst

Die Blätter fallen,
fallen wie von weit,
als welkten in den Himmeln
ferne Gärten;
sie fallen mit verneinender
Gebärde.

Und in den Nächten fällt
die schwere Erde
aus allen Sternen
in die Einsamkeit.

Wir alle fallen.
Diese Hand da fällt.
Und sieh dir andre an:
es ist in allen.

Und doch ist Einer,
welcher dieses Fallen
unendlich sanft in seinen
Händen hält.

RAINER MARIA RILKE

Von bunten Blättern und dem Reifen der Natur

So, wie uns im Frühling das große Blühen erfreut hat, überrascht uns der Herbst mit der Fülle seines Farbenspiels. Wenn die Nebel der Sonne weichen, leuchtet uns der bunte Blätterwald in den zauberhaftesten Schattierungen. Die Bäume hängen voller

reifer Früchte und verheißen eine satte Ernte. In dem Dank für die geschenkte Fülle macht sich aber auch eine gewisse Melancholie breit. Die Tage werden kürzer, die Abende kühler. Wieder einmal neigt sich ein Jahr dem Ende zu, und es heißt Abschied zu nehmen von den lieblichen Düften und den heiteren Klängen des Sommers. In stillen Augenblicken geht einem wohl zugleich das vergangene Jahr mit all seinen reichen, aber auch seinen schmerzhaften Erfahrungen noch einmal durch den Kopf: Welche Träume haben sich erfüllt? Von welchen Erwartungen und Wünschen hat man sich im Laufe des Jahres verabschieden müssen?

Doch neben allen freundlichen oder auch wehmütigen Gedanken kann man sich auch von der Gemütlichkeit warmer Stuben einladen lassen, um bei einer Tasse Kakao, Kaffee oder Tee in der Betrachtung der Fotos der vergangenen Monate zu versinken, Briefe zu schreiben, Musik zu hören und auf diese Weise nach und nach bei sich selbst Einkehr zu halten.

Dies ist ein Herbsttag, wie ich keinen sah!
Die Luft ist still, als atmete man kaum,
und dennoch fallen raschelnd, fern und nah,
die schönsten Früchte ab von jedem Baum.

O stört sie nicht, die Feier der Natur!
Dies ist die Lese, die sie selber hält;
denn heute löst sich von den Zweigen nur,
was vor dem milden Strahl der Sonne fällt.

FRIEDRICH HEBBEL

Bunt sind schon die Wälder

1. Bunt sind schon die Wäl - der, gelb die Stop - pel - fel - der,
und der Herbst be - ginnt. Ro - te Blät - ter fal - len,
grau - e Ne - bel wal - len, küh - ler weht der Wind.

2. Wie die volle Traube
   aus dem Rebenlaube
   purpurfarbig strahlt!
   Am Geländer reifen
   Pfirsiche, mit Streifen
   rot und weiß bemalt.

3. Flinke Träger springen,
   und die Mädchen singen,
   alles jubelt froh!
   Bunte Bänder schweben
   zwischen hohen Reben
   auf dem Hut von Stroh.

4. Geige tönt und Flöte
   bei der Abendröte
   und im Mondesglanz;
   junge Winzerinnen
   winken und beginnen
   frohen Erntetanz.

TEXT: JOHANN GAUDENZ SALIS-SEEWIS / MUSIK: JOHANN FRIEDRICH REICHARDT

Einen einfachen Drachen bauen

▶ **Was wir brauchen:**
- größere Plastiktüte (ca. 40 x 40 cm)
- Drachenschnur
- zwei dünne Holzleisten mit ca. 4 mm Kantenstärke (bei einer kleineren Tüte eignen sich auch stärkere Trinkhalme) – die Länge der Leisten sollte der Höhe der Plastiktüte entsprechen
- ggf. Faserstifte zum Bemalen des Drachens oder Transparentpapier zur Gestaltung
- Schere, Klebstoff, Klebefilm

▶ **Wie es geht:**
Die Plastiktüte wird in der abgebildeten Form ausgeschnitten. An den beiden Außenseiten werden die Holzleisten bzw. die Trinkhalme angeklebt. Dann kann man auch schon mit der Gestaltung weitermachen: Dem Drachen ein Gesicht aufmalen, mit buntem Transparentpapier bekleben usw.
Anschließend wird an den beiden Seitenteilen je eine Schnur befestigt – wichtig dabei: Wenn man die Schnur durch ein kleines Loch in der Tüte fädelt, muss dieses Loch mit Klebefilm verstärkt werden. Die beiden Schnüre werden dann in der Mitte zusammengeknotet; an diesem Mittelknoten wird die lange Drachenschnur befestigt. Und los kann es gehen. Wer mag, kann dem Drachen auch noch einen schönen Schwanz basteln – mit etwas Schnur und Transparentpapier entstehen da schnell schöne Kreationen. Diesen Drachen können schon kleine Kinder mit Hilfe von Erwachsenen bauen.

Ich wünsche dir,
dass du dir Zeit schenkst,
zum Träumen und zum Lachen
und dafür, im Herbst
einen Drachen zum Himmel
aufsteigen zu lassen.
Das Leben kann manchmal
so leicht sein,
wenn man ihm die Gelegenheit
dazu schenkt.

CHRISTA SPILLING-NÖKER

Alles braucht seine Zeit

Was wachsen und gedeihen will, braucht Zeit. Wir kennen solche Erfahrungen aus unserem Leben. Wir haben eine Idee, aber wir können sie nicht von heute auf morgen umsetzen. Vieles dafür will bedacht und genau überlegt sein. Wir haben eine Krise und können sie nicht von jetzt auf gleich bewältigen. Wir brauchen Menschen, bei denen wir uns aussprechen, mit denen wir reden können. In Ruhe wollen sich die Gedanken ordnen, um neue Schritte überhaupt erst einmal in Erwägung zu ziehen, bis wir sie in die Tat umsetzen können. Ähnlich ist es mit der Natur. Was wir heute pflanzen, braucht Zeit, bis es aufbricht und zum Blühen kommt.

Collagen aus Herbstblättern und Kastanienmännchen

Auf einem Herbstspaziergang sammeln wir besonders schöne Herbstblätter sowie Kastanien. Wenn wir wieder zu Hause sind, legen wir die Blätter zwischen Löschpapier und legen oben darauf ein schweres Buch. Der Saft der Blätter soll vom Löschpapier aufgesogen werden, damit wir drei bis vier Tage später mit den getrockneten Blättern Bilder gestalten können. Ganz besonders schön sehen die Bilder aus, wenn man sie in Klarsichtfolien ans Fenster klebt.
Wer mit Zahnstochern (Vorsicht: Man pikst sich leicht!) geschickt umgehen kann, dem gelingen aus Kastanien fantasievolle Tiere.

Vorfreude auf den Frühling: Blumenzwiebeln setzen

Wir setzen Blumenzwiebeln in die Erde
und hoffen, dass sie auch gedeihen,
damit sie, wenn es Frühjahr werde
mit ihren Blüten uns erfreuen.

Blumenzwiebeln für das Frühjahr nach Anweisung auf der Packung ein bis vier Zentimeter tief in eine Schale, einen Balkonkasten oder in den Garten in die Erde setzen, beispielsweise Tulpen, Narzissen oder Krokusse.

Schokoladenpralinen – selbst gemacht

➡ Was wir brauchen:

200 g hochwertige Milchschokolade oder Kuvertüre, Messer und Brett zum Zerkleinern der Schokolade, eine kleine metallene Schüssel, Form aus Silikon, z.B. in Blätterform, 1 Spachtel zum Abstreifen der Schokolade, 1 Holzlöffel, 1 Metalllöffel

➡ Wie es geht:

Den Backofen auf 45 Grad (bei Milchschokolade auf keinen Fall mehr Hitze!) vorheizen. Die Schokolade mit einem Messer auf einem Brett in kleine Stücke zerteilen, anschließend in eine kleine metallene Schüssel geben und in den Backofen stellen, bis die Schokolade weich wird. Dabei mehrfach vorsichtig mit dem Holzlöffel umrühren. Das Schmelzen der Schokolade kann, je nach Sorte, zwei bis drei Stunden dauern. Die weiche Schokolade mit dem metallenen Löffel vorsichtig in die Form geben und leicht hin- und herbewegen, damit sich die Schokoladenmasse gleichmäßig verteilt. Übergelaufenes mit dem Spachtel abstreifen und in die Schüssel mit der Schokolade zurückgeben. Die Form in den Kühlschrank stellen, bis die Schokoladenmasse fest

geworden ist. Danach die Form etwas biegen, damit die Blätter herausfallen. Man kann die Schokoladenblätter natürlich auch noch mit Aromen anreichern. Dazu eignen sich z.B. das Mark einer Vanilleschote, klein gehackte Pistazien oder Mandeln, gemahlene Mandeln oder Nüsse, zerbröselte Amaretti oder fein gehacktes Zitronat oder Orangeat.

Ein Kartoffelfest

Zunächst wird ein Ort ausgesucht, an dem man ein Kartoffelfeuer machen kann. Vielleicht gibt es dafür einen Platz im Garten. Eine besondere Atmosphäre entsteht vom Geruch her, wenn man direkt auf einem Kartoffelacker trockenes Kartoffelkraut zusammengetragen hat und dieses entzündet. Aber dafür muss man natürlich vorher eine entsprechende Genehmigung einholen.

Die Kartoffeln werden gereinigt, fest in Aluminiumfolie gewickelt und in die Glut gelegt (nicht in das offene Feuer). Wenn sie gar sind (mittelgroße Kartoffeln brauchen ca. 20 Minuten), werden sie vorsichtig mit einer Zange oder Gabel aus dem Feuer geholt und auf die Teller verteilt. Die Aluminiumfolie wird entfernt (vorsichtig, heiß); dann werden die Kartoffeln eingeschnitten. Auf das Fruchtfleisch werden Butter und Salz gegeben – und das Auslöffeln kann beginnen.

Man kann diese Köstlichkeit natürlich, über Butter und Salz hinaus, noch weiter verfeinern. Zum Beispiel mit einem Kräuterquark.

Kräuterquark

▶ **Zutaten:**
250 g Speisequark, etwas Milch, 1 kleine Zwiebel, 2 EL Kräuter, wie z.B. Schnittlauch, Petersilie, Dill, Salz, Pfeffer aus der Mühle

▶ **Zubereitung:**
Den Quark mit der Milch verrühren. Die Zwiebel häuten und fein würfeln, die Kräuter hacken und alles zu dem Quark geben. Mit Salz und Pfeffer abschmecken.
Wer mag, kann auch noch eine in kleinste Würfel geschnittene Knoblauchzehe mit unterrühren.

Weitere Kartoffelideen

Die Familie überlegt, was man alles aus Kartoffeln herstellen kann – zum Beispiel Salz- und Pellkartoffeln, Bratkartoffeln, Röstis, Chips, Pommes frites, Kartoffelpuffer, Kartoffelsalat, Kartoffelsuppe, Rosmarinkartoffeln, Kartoffelbrei, Kroketten, Gratin. Dann werden gemeinsam drei Kartoffelgerichte ausgesucht, die es zu einer Mahlzeit gibt; als Beilage kann man etwa Kräuterquark und einen gemischten Salat anrichten. Die Kinder dürfen bei der Zubereitung gern helfen.

Oder die Familie vereinbart eine Kartoffelwoche. An jedem Tag gibt es ein anderes Kartoffelgericht. Gemeinsam wird überlegt, was dazu am besten schmeckt: z.B. zu Bratkartoffeln Spiegeleier, zu Kartoffelpuffern Apfelmus, zu Kartoffelsalat Würstchen oder gebratene Fischfilets.

Kartoffelfeuer im Mühlental

Im Mühlental ist immer was los. Das Mühlental ist eine Reihenhaussiedlung direkt am Feld. Hier wohnen viele Familien mit Kindern. Die Mühlentalkids treffen sich fast jeden Tag. Für das Oktoberwochenende haben sie sich etwas Besonderes ausgedacht: ein Kartoffelfeuer mit allen Familien auf dem Feld.

Die Mühlentalkids haben Einladungskarten gebastelt. Zusammen haben sie Kürbisköpfe vorne auf die Karten gemalt, und dann ab damit in die Briefkästen im Mühlental.

Die Mama von Lissy und Paul hat Bauer Hansen, dem das Feld gehört, angerufen und um Erlaubnis für ein Feuer auf seinem Feld gefragt. Der Bauer Hansen mag die Mühlentalkids. Einmal hat er den Kindern einen großen runden Strohballen zum Toben und Klettern geschenkt. Da waren die Kinder den ganzen Tag auf dem Feld und hatten sehr viel Spaß. Erst in der nächsten Woche will Bauer Hansen die Erde umgraben. So lange dürfen die Kinder auf dem abgemähten Feld spielen. Und das tun sie besonders im Herbst sehr gerne. Dann lassen sie an windigen Tagen Drachen steigen und spielen Fangen. Im letzten Jahr haben sie zusammen ein großes Loch im Feld gegraben und ein gemütliches Nest gebaut. Dort wurde dann gequasselt und Picknick gemacht. Davon erzählen die Kinder heute noch. »Wir brauchen Strohbänke zum Sitzen«, schlägt Paul vor. »Denn es ist so gemütlich, wenn alle auf Strohballen ums Feuer sitzen.«

Die Kinder sind von Pauls Idee sofort begeistert, und Malte holt den Bollerwagen aus der Garage. Zusammen ziehen die Mühlentaler Kinder zum Hof von Bauer Hansen. Der will ihnen die Strohballen bis zum nächsten Tag gerne ausleihen.

Einen ganzen Nachmittag werden Strohballen transportiert, immer nur einer passt auf den Bollerwagen. Die starken Jungs ziehen abwechselnd den Bollerwagen, und die Kleinen dürfen obenauf sitzen. Zum Glück ist kein Kind beim Strohballentransport vom Bollerwagen gefallen ... aber die großen Jungen haben auch gut aufgepasst. So vergeht der Nachmittag im

Flug, und am Abend haben die Mühlentaler Kinder einen großen Kreis aus Strohballen auf dem Feld aufgebaut. Alle haben mitgeholfen. Und morgen wird das große Kartoffelfeuer stattfinden. Die Kinder reden aufgeregt durcheinander. Plötzlich ruft Malte: »Mensch Leute, wir brauchen noch Holz! Ohne Holz kein Feuer!« Die Kinder waren so sehr mit dem Strohballentransport beschäftigt, dass niemand an Holz gedacht hat. Also verabreden sie sich für den nächsten Nachmittag und wollen noch schnell Holz besorgen.

Da hat die Mama von Lissy und Paul eine Idee: »Der Holzhändler im Ort hat eine Restekiste in seinem Betrieb stehen.«

Dorthin ziehen die Mühlentaler Kinder mit dem Bollerwagen am nächsten Tag. Zum Glück ist die Restekiste gerade randvoll, und die Kinder dürfen so viele Holzstücke nehmen, wie sie tragen können. Umsonst, das hat der Holzhändler erlaubt. Bis zum Abend ist sehr, sehr viel Holz zusammengekommen.

Nur noch zwei Stunden bis zum Kartoffelfeuer. Jetzt müssen die Väter mithelfen, das Holz aufzuschichten. Und ein paar Mamas machen noch schnell Teig für Stockbrot, einige Kindern wickeln Kartoffeln in Alufolie, mehrere Schüsseln voll. Yannik und seine Mama rühren zusammen eine Riesenschüssel Wackelpudding für den Nachtisch. ➲

❍ Endlich ist es so weit. Es ist dunkel geworden. Langsam kommen alle Mühlentaler Familien aufs Feld. Ein großer Tisch wird angeschleppt. Dort stehen jetzt Windlichter mit brennenden Kerzen drauf, Becher, Limoflaschen, Schüsseln mit Stockbrotteig, eingewickelte Kartoffeln und jede Menge Würstchen.

Der große Augenblick ist gekommen. Das Feuer wird mit einem Fidibus (einer eingerollten Zeitung) entzündet. Das ist gar nicht so einfach, denn es weht ein leichter Wind. Der pustet das Feuer immer wieder aus. Nach einigen vergeblichen Versuchen hat ein Holzscheit endlich Feuer gefangen. Die Kinder klatschen begeistert in die Hände. Verbrannte Zeitungsschnipsel schweben wie kleine Glühwürmchen durch die Luft.

»Es riecht schon richtig nach Feuer!«, schwärmt Lissy und stellt sich ganz nah an die Feuerstelle. »Feuerparfum, das müsste es geben. Mmm, ich könnte jeden Tag Feuer riechen.«

Die Kinder sitzen gespannt auf ihren Strohbänken um ihr Kartoffelfeuer herum, das langsam immer höher in den dunkelblauen Herbsthimmel steigt. Maltes Papa hat die Gitarre mitgebracht. Er spielt Lieder aus der »Mundorgel« und die Kinder singen dazu »Die Affen rasen durch den Wald«, das ist das Lieblingslied der Mühlentaler Kinder.

»Wer hat die Kokosnuss geklaut …?«, schreit Paul aus vollem Hals. Plötzlich wird es sehr heiß so nah am Feuer, die Kinder fangen an zu schwitzen und bekommen knallrote Gesichter. Es zischt und knistert, mannshohe Flammen steigen aus dem Holzstapel hervor. Einige Mamas sind besorgt und schimpfen mit den Papas: »Der Holzstapel war viel zu hoch gebaut!« Damit kein Funke auf die Strohballen überspringt, werden schnell alle Strohballen zusammengezogen. Yanniks Papa rollt zur Sicherheit den Gartenschlauch aus seinem Garten aus und zieht ihn aufs Feld. »Man kann ja nie wissen, wie sich der Wind dreht, sicher ist sicher.« Da sind auch alle wieder beruhigt.

Als das Feuer heruntergebrannt ist, werfen die Kinder ihre eingewickelten Kartoffeln in die Glut. Und die Würstchen? Wo sind die Würstchen? Eben lagen sie doch noch auf dem Tisch? Filou, Yannicks Hund, sitzt unter dem

Tisch und macht sich genüsslich über die Würstchen her. Die Schüssel liegt im Dreck. Den meisten Kindern ist das egal, es gibt ja noch Stockbrot und Kartoffeln. Außer Dennis, der meckert über Filou, weil er keine Kartoffeln mag und Stockbrot immer verbrannt schmeckt. Dennis motzt so lange, bis seine Mutter zum Haus zurückgeht und die Reservewürstchen aus der Gefriertruhe holt. Lissy versucht Dennis zu beruhigen: »Außerdem machen wir ein Kartoffelfeuer und kein Würstchenfeuer!«

Um Mitternacht sind alle Kartoffeln, alle Reservewürstchen und das ganze Stockbrot aufgegessen. Auch die Schüssel mit Wackelpudding ist leer und die kleineren Kinder sind längst in den Armen von Mama und Papa eingeschlafen. Das Feuer ist heruntergebrannt. Nur noch etwas rote Glut brutzelt auf dem Erdboden zwischen schwarz verkohlten Holzstücken. Da picken die Jungs und Mädchen, die noch gar nicht müde sind, mit Stöcken drin herum und wirbeln ihre glühenden Stöcke durch die Luft. Das gibt schöne Feuerschlangen. Doch langsam wird es kalt auf dem Feld, und die Eltern schlagen den Kindern, die nicht müde werden wollen, vor, doch lieber ins warme Bett zu gehen.

Lissys und Pauls Mama macht einen Vorschlag: »Und morgen, wenn ihr ausgeschlafen seid, startet eine neue Party auf dem Feld, die Aufräumparty!« Die Kinder löschen mit dem Wasser aus dem Gartenschlauch die letzte Glut, und dann freuen sich alle auf den nächsten Tag. Besonders auf den Strohballentransport zurück zum Hof von Bauer Hansen.

REGINA BESTLE-KÖRFER

Äpfel – rund und gesund

In meinem kleinen Apfel

1. In mei-nem klei-nen Ap-fel, da sieht es lus-tig aus: Es sind da-rin fünf Stüb-chen, grad wie in ei-nem Haus.

2. In jedem Stübchen wohnen
zwei Kernchen schwarz und fein,
die liegen drin und träumen
vom lieben Sonnenschein.

3. Sie träumen auch noch weiter
gar einen schönen Traum,
wie sie einst werden hängen
am lieben Weihnachtsbaum.

TEXT: VOLKSGUT / MELODIE: WOLFGANG AMADEUS MOZART

 ## Äpfel-Schnuppern

Ein Kind wird vor die Tür geschickt, dort werden ihm die Augen verbunden. Im Zimmer wird eine Schüssel mit Äpfeln aufgestellt. Das Kind soll nun herumschnuppern, wo die Äpfel versteckt sind. Hat es sie aufgespürt, muss es mit dem Mund einen Apfel aus der Schüssel nehmen. Während des Suchens können die anderen Kinder ein Lied singen oder summen und immer dann lauter werden, wenn der Suchende sich den Äpfeln nähert, bzw. leiser werden, wenn sich das Kind von der Schüssel entfernt. Die angebissenen Äpfel müssen natürlich aufgegessen werden.

 ## Wir kochen Apfelmus

▶ Zutaten:
1 kg Äpfel, 100 ml Wasser, je nach Süße der Äpfel bis zu 200 g Zucker, 1 Prise Zimt, evtl. 1 Vanilleschote

▶ Zubereitung:
Die Äpfel vierteln, schälen, das jeweilige Kerngehäuse entfernen und die Apfelstücke noch einmal halbieren. Die Äpfel dann im Wasser bis zu zehn Minuten kochen lassen. Während des Kochvorgangs den Zucker dazugeben und gut unterrühren.
Die Apfelstücke mit dem Stabmixer pürieren und eine Prise Zimt dazugeben.
Ein besonders feineres Aroma bekommt das Apfelmus, wenn man zum Schluss ein Stück Vanilleschote ein paar Minuten mitziehen lässt.

Engelfest

29 September

Heute gedenken wir der drei Erzengel Michael, Gabriel und Rafael. Sie bilden eine der neun Engelsgruppen, von denen die Bibel spricht. Die Vorsilbe Erz hat nichts mit dem metallhaltigen Gestein zu tun, sondern kommt von dem altgriechischen Wort »archon«, das so viel wie »der Erste« oder »Herrscher« heißt.

Der Begriff Engel kommt aus dem Altgriechischen und heißt übersetzt: Bote. Bei den Erzengeln handelt es sich also um ganz bedeutende Gottesboten.

Die Namen der drei Erzengel stammen aus der hebräischen Sprache. Die letzte Silbe »el« steht für Gott.

Der Name Michael heißt übersetzt »Wer ist wie Gott«. Auf Abbildungen wird er oft mit einem Schwert dargestellt. Der Legende nach soll er Adam und Eva aus dem Paradies vertrieben haben und die Menschen nach ihrem Tod in Gottes Reich erwarten.

Der Name Gabriel heißt übersetzt: »Die Macht Gottes« oder auch »Die Kraft Gottes«. Gabriel ist der Verkündigungsengel. Er hat Maria die gute Botschaft überbracht, dass sie einen Sohn bekommen würde, den sie Jesus nennen sollte.

Der Name Rafael heißt übersetzt: »Gott heilt« oder auch »Heiler Gottes«. Gabriel wird als Begleiter, Beschützer und Heiler von Reisenden und Kranken verehrt.

Der Engel Gabriel bringt Maria die frohe Botschaft, dass sie ein Kind gebären wird.

Der mit den Vögeln flüstert: der heilige Franz von Assisi

Man sagt, er habe mit den Vögeln sprechen können, der heilige Franz von Assisi. Eine ungewöhnliche Fähigkeit. Wie ist er dazu gekommen?

Beginnen wir am Anfang. Der Junge wuchs in wohlhabenden Verhältnissen auf. In seiner Jugend führte er ein ausschweifendes Leben. Zugleich strebte er an, einmal Ritter zu werden, um in den adligen Stand aufzusteigen. Aber man konnte nur Ritter werden, wenn man an einem Feldzug teilgenommen hatte. Deshalb zog Franz in den Krieg. Er wurde gefangen genommen und erkrankte schwer. Seinem Vater gelang es schließlich, ihn wieder nach Hause zu holen.

Dennoch brach er ein weiteres Mal in einen Krieg auf, aber schon nach wenigen Tagen kehrte er heim. Er soll, so die Legende, im Traum Gottes Stimme gehört haben. Diese habe ihm gesagt, er solle nicht mehr nach weltlicher Ehre suchen, sondern Gott selbst dienen.

Mehr und mehr zog er sich nach diesem Erlebnis in die Einsamkeit zurück und begann ein Leben in völliger Armut zu führen. In einer Eingebung soll Christus ihm gesagt haben, Franziskus möge die kleine, verfallene Kirche in San Damiano wieder aufbauen. Er erbettelte Baumaterial, errichtete die Kirche eigenhändig, bediente sich dafür auch aus der Kasse seines Vaters und verteilte dieses Geld an die Armen. Das führte zum endgültigen Bruch mit dem Vater.

Von nun an lebte Franziskus als Einsiedler und Bettler vor den Stadtmauern und pflegte dort Aussätzige. Sein Lebensgrundsatz war das Wort Jesu: »Wer mir nachfolgen will, der verleugne sich selbst und nehme täglich sein Kreuz auf sich und folge mir nach.« Nach und nach gewann er immer mehr Anhänger. Sie zogen über Land, um das Evangelium der Liebe und Armut zu predigen, arbeiteten bei Bauern, um als Lohn etwas zu essen zu bekommen, und beteten. Franziskus erwartete von seinen Glaubensbrüdern – und das war neu – die hingebungsvolle Liebe zu *allen* Lebewesen. Er verstand alle Geschöpfe als Geschwister, sodass er von Bruder Mond und Schwester Sonne sprechen konnte. Er soll auch den Vögeln gepredigt, sie gesegnet und dazu bewegt haben, den Schöpfer zu loben. In seiner grenzenlosen Liebe war er sich sicher, dass sie seine Worte verstanden hatten. 1210 wurde der kleinen Gemeinschaft vom Papst die Erlaubnis erteilt, nach ihrer Regel in Armut zu leben und Buße zu predigen. Damit war der Grundstein für den Franziskanerorden gelegt, der sich schnell ausbreitete.

Mit einem Loblied auf den Lippen starb Franziskus am Abend des 3. Oktober 1226. An seiner Grabstätte sollen sich zahlreiche Wunder ereignet haben. Am 16. Juli 1228 wurde Franziskus heiliggesprochen.

Da seinerzeit der Abend des 3. Oktober schon dem kommenden Tag zugerechnet wurde, feiert die katholische Kirche den 4. Oktober als Gedenktag des Franz von Assisi. Franz von Assisi hat zahlreiche Texte und Schriften verfasst. Am berühmtesten ist sein Sonnengesang, in dem die Liebe zu aller Kreatur ihren Ausdruck findet.

Tipp:
Eine meditative
Musik-CD auflegen
und dazu ein Bild
malen: Wofür ich
Gott loben kann.

Gelobt seist Du, Herr,
mit allen Deinen Geschöpfen,
besonders mit der Schwester Sonne,
welche der Tag ist,
und durch die Du uns leuchtest.
Und sie ist schön und strahlend
mit großem Glanze;
von Dir, Höchster, trägt sie den Sinn.

AUS DEM SONNENGESANG
DES HEILIGEN FRANZISKUS

Die kleine Blume

Es war einmal eine kleine Blume, die stand mitten in der Wüste; war es nur eine Wüste aus Sand oder aus Stein – jedenfalls war es eine Wüste. Täglich wartete die kleine Blume auf einen Regentropfen, immer hatte man ihr erzählt, wie wichtig und schön Regen sei. Doch wenn es wirklich nach Regen roch, kamen die Geier und fingen alle Hoffnung ab. Mit Mühe hielt sich die kleine Blume im lockeren Boden und hatte einfach Angst. Angst vor der sengenden Hitze, Angst vor der Einsamkeit, Angst vor dem nächsten Sturm.

Eines Tages sah ein Kolibri ihre Traurigkeit und erzählte davon den anderen Tieren weiter.

Der Stier hatte kein Interesse. Für ihn galt nur, was stark ist. Auch der Bernhardiner blieb kalt, ihn rührte nichts. Sein Hobby war die Langeweile. Und die Elster, die immer so große Töne schwang, sagte, sie habe zu viele Termine und wirklich keine Zeit.

Da war der Kolibri verzweifelt, denn was sollte er, ausgerechnet der Kleinste, tun? Es konnte doch nicht wahr sein, dass sich die anderen Tiere drückten! Da schwirrte er kurz entschlossen zu den Ameisen und berichtete ihnen von der großen Traurigkeit der Blume.

Ohne zu zögern, bildeten die kleinen Tiere eine lange Kette, schleppten Grassamen und Früchte bis an die Blume, benetzten alles ein wenig mit Tau, und es dauerte nicht lange: Da wuchs Leben mitten in der Wüste und die kleine Blume entwickelte sich zu einem strahlenden Glanz, den ihr niemand zugetraut hatte. Und alles war nur möglich, weil der Kolibri die Ameisen benachrichtigt hatte.

VOLKSGUT

Erntedank und Oktobergold

Erntedankfest –
immer am ersten Sonntag im Oktober

Oktober

Das Erntedankfest findet immer am ersten Sonntag im Oktober statt. Wir machen uns bewusst, dass das, was unser Leben an Leib und Seele sättigt, ein großes Geschenk ist. In vielen Kirchen werden die Altäre an diesem Sonntag mit Ähren, Brot, Kürbissen und Trauben geschmückt; oft aber werden die Altarräume auch mit vielen Gaben ausgestaltet, die später an bedürftige Menschen verteilt werden.

Tipp:
Ein Erntedank-Tag in der Familie macht sehr viel Spaß – er kann mit dem Besuch eines Erntedankgottesdienstes beginnen und bietet so manch leckere Zwischenstation. Hier ein paar Ideen.

Gemeinsam Brot backen

Mit Trockensauerteig und Trockenhefe oder frischer Hefe lässt sich ein leckeres Brot an einem Nachmittag backen. Da die Zubereitung und die Backzeit insgesamt etwa 4 Stunden in Anspruch nehmen und das Brot bis zum Anschnitt noch abkühlen muss, sollte mit dem ersten Arbeitsschritt gleich nach dem Mittagessen begonnen werden.

⊳ Zutaten:

500 g Roggenvollkornmehl, 200 g Weizenvollkornmehl oder reines Weizenmehl, 100 g Vollkorn-Trockensauerteig, 20 g frische Hefe oder Trockenhefe, 500 ml warmes Wasser, 1 TL Honig, 2 TL Meersalz; gegebenenfalls 200 g grob gehackte Walnüsse, Kürbis- oder Sonnenblumenkerne.

⊳ Zubereitung:

Die Hefe unter Zusatz von einem TL Honig in 100 ml handwarmem Wasser auflösen. Das Mehl mit dem Sauerteig und dem Salz mischen. Die aufgelöste Hefe und die restlichen 400 ml Wasser dazugeben und alles mindestens 8 Minuten mit den Knethaken der Küchenmaschine zu einem festen Teig verkneten. Zum Schluss, wenn erwünscht, die Nüsse oder Kerne in den Teig einarbeiten.

Den Teig ca. 2 Stunden abgedeckt ruhen lassen und danach noch einmal kurz durchkneten. Den Teig zu einer Kugel formen, auf ein mit Backpapier ausgelegtes Backblech legen, kreuzweise einschneiden und ca. 40 Minuten bei 30 Grad gehen lassen. Den Backofen auf 250 Grad vorheizen. Das Blech mit dem Teig auf die unterste Schiene des Backofens schieben und 15 Minuten backen. Den Ofen dann auf 185 Grad herunterschalten, das Brot 55 Minuten lang fertig backen und auf einem Gitterrost auskühlen lassen.

Während das Brot im Ofen ist, überlegen wir miteinander, wer alles dazu beigetragen hat, dass wir jeden Tag Brot haben.

- ⊚ der Bauer, der das Feld bestellt, sät, erntet und drischt
- ⊚ die Lastwagenfahrer, die das Getreide zur Mühle bringen
- ⊚ die Werke, die das Getreide mahlen und die Menschen, die dafür verantwortlich sind, dass die Maschinen, die wieder andere erfunden haben, funktionieren
- ⊚ die Bäcker, die das Mehl mit anderen Zutaten, für die auch wieder andere gearbeitet haben, zu einem Teig verarbeiten und backen
- ⊚ die Verkäuferinnen und Verkäufer, die uns das Brot verkaufen

Das Brot wird aus dem Ofen genommen. Wenn es abgekühlt ist, bekommt jeder zunächst ein Stück. Dazu wird ein Dankgebet gesprochen. Danach wird das Brot zum Abendessen – je nach Geschmack – mit Butter, Marmelade, Honig, Käse, Schinken, geräuchertem Fisch und einigen anderen Delikatessen wie Salat verzehrt. Den krönenden Abschluss kann ein frischer Obstsalat bilden.

Danke für das tägliche Brot
Danke
für das Samenkorn
im Acker,
für die Ähren
auf dem Felde
für das Brot
auf dem Tisch.

Danke
für die Menschen,
die daran
beteiligt sind,
dass ich
jeden Tag
satt werden darf.

CHRISTA SPILLING-NÖKER

Wir gestalten eine »Dankesblume«

➡ **Was wir brauchen:**
◎ gelben Karton
◎ dunkelbraunen Karton
◎ Schere
◎ Schreibstifte
◎ Klebstoff

➡ **Wie es geht:**
Aus dem gelben Karton werden Blütenblätter geschnitten und aus dem braunen Karton ein rundes Blüteninneres. Die Blütenblätter werden gleichmäßig unter den Familienmitgliedern verteilt. Jeder bekommt nun die Aufgabe, auf seine Blütenblätter zu schreiben, wofür er dankbar ist. Anschließend liest jeder seine Gedanken vor.
Danach werden die Blütenblätter gleichmäßig rings auf dem braunen Blüteninneren verteilt und aufgeklebt.
Die »Dankesblume« bleibt beim gemeinsamen Essen auf dem Tisch liegen und kann später in der Wohnung aufgestellt oder an einem Faden aufgehängt werden.

Danke für jeden Tag, an dem ich gesund erwache,
an dem ich weiß, dass ich gebraucht werde,
weil es Menschen gibt, die mir etwas zutrauen
und denen ich das geben kann, was sie von mir erwarten.

Danke für jede Nacht, in der ich Ruhe finde,
weil ich den verflossenen Tag als sinnvoll erlebt habe,
so dass ich meinen inneren Frieden finden durfte
und daher in mir selbst ruhen kann.

CHRISTA SPILLING-NÖKER

Danket, danket dem Herrn

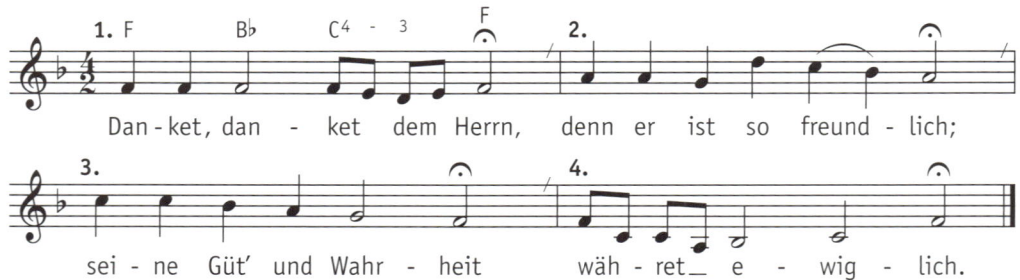

Dan - ket, dan - ket dem Herrn, denn er ist so freund - lich;
sei - ne Güt' und Wahr - heit wäh - ret_ e - wig - lich.

TEXT: NACH PSALM 106,1 / MELODIE: KANON FÜR VIER STIMMEN, 18. JHD

Über das Teilen

Es ist schon eine ganze Weile her, als es noch richtige Zwerge gab, die irgendwo im tiefen Wald in ihrer eigenen kleinen Welt hausten. Dort hatten sie für sich ein Zusammenleben entwickelt, das nur dem Vorteil, dem Gewinn und der Selbstverwirklichung des Einzelnen diente. Wenn sich die Zwerge zum Beispiel zum gemeinschaftlichen Mahl zusammenfanden und auf ihren niedlichen grün angestrichenen Holzstühlchen Platz nahmen, so hielten sie es darauf kaum so lange aus, bis das Essen hereingetragen worden war. Natürlich hatten die Zwerge, die in dieser Woche Küchendienst hatten, sich bereits die schmackhaftesten Bissen einverleibt. Täglich entstand eine Schlacht um die noch verbliebenen guten Stücke, so dass der schöne grüne Holztisch oftmals in brauner, klebriger Soße schwamm. Jeder nahm sich mehr, als er eigentlich essen konnte, allein schon, um den anderen nichts zu gönnen.

Ging man in eine Sportarena, war jeder darauf aus, den besten Platz in der ersten Reihe zu erkämpfen, ohne Rücksicht darauf, ob hinter ihm vielleicht ein noch kleinerer Zwerg saß, der daraufhin gar nichts mehr sehen konnte. Und so herrschte im Zwergenstaat stets eine gereizte und aggressive Stimmung.

Nun begab es sich, dass sich eines Tages einer der älteren und besonders ausgebufften Zwerge vom Heimatort entfernte, weil ihm zu Ohren gekommen war, dass weit hinter dem Wald ein Weinberg sei, wo kräftige Rebstöcke die herrlichsten Trauben tragen würden – reif, saftig und süß. Davon wollte er kosten. Natürlich hatte er niemandem davon erzählt, denn ansonsten hätte er die Herrlichkeiten womöglich noch mit anderen Zwergen teilen müssen. Er war bereits unendlich lange auf seinen kurzen Beinen gelaufen, als er mit einem Mal Stimmen vernahm. Erschrocken verkroch er sich hinter einer Tanne, versuchte aber dennoch zugleich, vorsichtig durch das Unterholz zu blinzeln. Da sah er im Wald eine Lichtung, auf der sich ganz große Wesen eingefunden hatten. Er vermutete, dass das Riesen waren, von denen man in der Märchenwelt der Zwerge allerhand Grausames zu erzählen wusste. Die vier Riesen ließen sich gerade auf langen Holzbänken nieder und öffneten Taschen und Körbe, deren Inhalt verführerisch duftete. Und dann beobachtete er etwas, das ihn in totale Verwirrung stürzte. Die Riesen verteilten die Speisen gleichmäßig auf den vier Tellern. Jeder bekam einen gleich vollen Becher Bier. Erst als alle zu essen und zu trinken hatten, wünschten sie einander einen guten Appetit und begannen mit dem Verzehr ihrer Mahlzeit. Die vier Riesen waren dabei außerordentlich fröhlich und ausgelassen, eine Stimmung, die unserem Zwerg ebenfalls völlig fremd, aber keineswegs unangenehm war. »Mensch, ist das heute noch ein schöner warmer Herbsttag«, hörte er plötzlich einen der jungen Riesen rufen. Was hörte er da? Sollten das etwa Menschen sein, von denen die Märchen- und Sagenbücher der Zwerge auch so allerhand Abenteuerliches überlieferten? Waren Menschen denn so groß wie Riesen? Er konnte das nicht beurteilen, denn er hatte ja noch nie einen wirklichen Riesen gesehen. Leicht benommen von den vielen Eindrücken stahl er sich hungrig zu seinem Dorf ➡

zurück, wo sein Fehlen schon allein dadurch aufgefallen war, dass ein paar andere Zwerge heute einmal zu den größten Bratenstücken gekommen waren. Er erzählte niemandem, wo er gewesen war und was er beobachtet hatte. Aber er wollte am nächsten Tag die Probe aufs Exempel machen. Beim Frühstück drängelte er sich nicht wie sonst vor alle anderen, um das leckerste Obst oder das größte Stück Käse zu ergattern, sondern er reihte sich irgendwo in die Schlange der Zwerge mit ein. Als ihm der Zufall tatsächlich eine besonders große Ecke Käse auf seinen Teller bescherte, nahm er sein Messer, schnitt es in der Mitte durch und gab einem anderen Zwerg davon, der ein äußerst bescheiden zu nennendes Stück erwischt hatte. Als die anderen Zwerge merkten, was passiert war, wurde es augenblicklich still. Was war denn bloß in den gefahren, dachten sie, sagten aber nichts. Ob der sich bei seiner gestrigen Abwesenheit irgendwo mit einer schlimmen Krankheit angesteckt hatte, die auf das Gehirn übergegangen war? Denn ganz normal konnte der ja nicht mehr sein. Man würde ihn beobachten müssen. Und in der Tat: Der Zwerg setzte sein sonderbares Verhalten auch an den

kommenden Tagen fort. Beim Abendessen wartete er, bis alle anderen genommen hatten und ging, wie man sich denken kann, dabei selbst fast leer aus. Seinen Nachtisch schenkte er einem ganz jungen Zwerglein, das gar nicht wusste, wie ihm geschah. Vor Freude klatschte es über die unerwartete zweite Portion Schokoladenpudding vergnügt in die kleinen Hände, was nun auch wiederum unseren Zwerg zum Lächeln brachte. Kein Wunder also, dass die anderen Zwerge mittlerweile etwas von ihm abrückten. Als sich sein Verhalten nach drei Tagen noch nicht wieder normalisiert hatte, überlegte man im Stamm der Zwerge, ob man ihn in ein Krankenhaus oder gleich ins Gefängnis stecken solle, denn immerhin gefährdete er die öffentliche Ordnung. Doch dazu kam es nicht. Ein anderer Zwerg hatte an unserem Außenseiter bemerkt, dass der an jedem Tag seines neuen Verhaltens ein klein wenig gewachsen war. Das war ihm aufgefallen, weil der andere ihn zuvor immer um eine halbe Zipfelmützenlänge überragt hatte. Und jetzt war es eine ganze Länge. »Das wollen wir doch einmal sehen«, sagte er leise zu sich selbst, »ob das Geben und Teilen einen Zwerg wachsen

lässt.« Gesagt, getan. Er wurde der zweite Zwerg im Staate, der von nun an die althergebrachten gesellschaftlichen Spielregeln missachtete. Und siehe da, der Erfolg war auf seiner Seite; auch er stellte mit freudigem Herzen fest, dass er von Tag zu Tag um einige Zentimeter wuchs. Einigen der anderen Zwerge blieben diese Veränderungen natürlich nicht verborgen, so dass sie nun ebenfalls von den alten Traditionen abließen. Das versetzte die ganz auf ihre konservativen Verhaltensmuster eingefleischten alten Zwerge in Wut, aber für einen Protest war es zu spät. Die Hälfte der Zwergenschaft übte sich derweil nach den neuen Regeln im Geben und Teilen. Sie waren oft in einer unerhört heiteren Stimmung dabei und wuchsen täglich mehr und mehr über sich selbst hinaus. Wahre menschliche Größe erreichten sie aber erst, als sie sich in erster Linie darum bemühten, jeden anderen rundum glücklich und zufrieden zu machen.

CHRISTA SPILLING-NÖKER

Impulse zum Gespräch:

- ◎ Wie geht es bei uns im Kindergarten, in der Schule oder in der Familie zu? Denkt da auch jeder an sich, so wie bei den Zwergen?
- ◎ Möchte ich mehr haben als andere?
- ◎ Habe ich manchmal Angst, zu kurz zu kommen?
- ◎ Auf wen bin ich neidisch?
- ◎ Helfe ich anderen gern – oder drücke ich mich lieber davor?
- ◎ Kann ich anderen auch einmal das Bessere, z.B. das größere Stück Kuchen gönnen?

Die biblischen Grundregeln für den Umgang miteinander stehen in den Zehn Geboten. Sie lauten:

1. Ich bin der Herr, dein Gott. Du sollst keine anderen Götter haben neben mir und du sollst dir auch kein Gottesbildnis machen.
2. Du sollst den Namen deines Gottes nicht unnützlich führen, denn der Herr wird den nicht ungestraft lassen, der seinen Namen missbraucht.
3. Du sollst den Feiertag heiligen.
4. Du sollst deinen Vater und deine Mutter ehren.
5. Du sollst nicht morden.
6. Du sollst nicht ehebrechen.
7. Du sollst nicht stehlen.
8. Du sollst nicht falsches Zeugnis ablegen wider deinen Nächsten.
9. Du sollst nicht begehren deines Nächsten Haus.
10. Du sollst nicht begehren deines Nächsten Frau, Knecht, Magd, Vieh oder alles, was sein ist.

Reformationstag

Am 31. Oktober feiern die evangelischen Christen Reformationstag. Sie erinnern dabei an Martin Luther, der im 16. Jahrhundert in dem kleinen Städtchen Wittenberg lebte. Auf Wunsch seines Vaters sollte Martin Luther Jura studieren. Doch eines Tages geriet er in ein so heftiges Gewitter, dass er um sein Leben fürchtete. In seinem Schrecken rief er: »Hilf, heilige Anna, ich will ein Mönch werden.« Schon zwei Wochen später trat er in das Augustinerkloster ein. Er beschäftigte sich viel mit der Bibel. Oft hatte er Angst, er könne Gottes vermeintliche Forderungen nicht erfüllen.

Martin Luther auf einem Gemälde von Lucas Cranach d. Ä. aus dem Jahr 1529

Dazu muss man wissen, dass zu seiner Zeit vieles in der Kirche nicht in Ordnung war. Es gab Prediger, die den Menschen einredeten, dass sie nur genügend Geld bezahlen müssten, um von ihren Sünden frei zu werden. Dafür wurden ihnen Bescheinigungen ausgestellt, die »Ablassbriefe« genannt wurden. Darüber empörte sich Martin Luther sehr. Man konnte Gottes Vergebung doch nicht mit Geld erwerben. Ihn störte auch noch anderes an der Kirche, zum Beispiel dass der Papst sich gar nicht mit der Auslegung der Bibel befasste. In seinem Zorn verfasste er 95 Thesen, die er der Überlieferung nach am 31. Oktober 1517 an die Kirchentür der Schlosskirche von Wittenberg nagelte. Diese Tür war für Studenten so etwas wie ein schwarzes Brett, an der immer wieder einmal Zettel und Plakate hingen. Die Anschläge von Martin Luther erregten die Gemüter aufs Heftigste. Immer mehr Menschen kamen, um sie zu lesen und mit anderen darüber zu diskutieren. Im Zentrum stand dabei Luthers Gedanke, dass Gott jedem Menschen – der Bibel nach – seine Sünden aus Liebe und Barmherzigkeit vergibt, wenn man von ganzem Herzen an ihn glaubt. Diese Meinung gefiel vielen in der Kirche nicht. Luther wurde vom Papst dazu aufgefordert, sie zu widerrufen. Doch Luther blieb seiner Glaubensüberzeugung treu. Daraufhin wurde er für vogelfrei erklärt; das heißt, dass jeder, dem er begegnete, das Recht hatte, ihn umzubringen.

Zum Glück stand Luthers Landesfürst, Kurfürst Friedrich von Sachsen, auf seiner Seite. Er versteckte Martin Luther auf der Wartburg, damit niemand ihm etwas antun konnte. In dieser Zeit übersetzte Luther die Bibel aus der hebräischen und griechischen Sprache ins Deutsche, damit jeder Christ in die Lage versetzt wurde, sie zu lesen und zu verstehen.

Währenddessen gewann Luther im Land immer mehr Anhänger, woraus natürlich heftige Auseinandersetzungen mit seinen Gegnern folgten. Im Jahr 1555 kam es zum

Augsburger Religionsfrieden: Die Lehre Luthers wurde offiziell anerkannt. Seitdem gibt es neben der allgemeinen katholischen auch die evangelische Kirche.

Schon seit Jahrzehnten bemühen sich Christen beider Glaubensrichtungen zunehmend um Gespräche miteinander. Man nennt diesen Prozess ökumenisch (oikos – altgriechisch: Haus). Viele Christen möchten gewissermaßen wieder zusammen unter einem Dach zusammen beten und den christlichen Glauben gemeinsam bekennen und leben.

Alle Christen auf der ganzen Welt beten das Vaterunser, das im Matthäusevangelium im 6. Kapitel steht und im Lukasevangelium im 11. Kapitel.

> Vater unser im Himmel,
> geheiligt werde dein Name.
> Dein Reich komme.
> Dein Wille geschehe,
> wie im Himmel, so auf Erden.
> Unser tägliches Brot gib uns heute.
> Und vergib uns unsere Schuld,
> wie auch wir vergeben unsern Schuldigern.
> Und führe uns nicht in Versuchung,
> sondern erlöse uns von dem Bösen.
> Denn dein ist das Reich und die Kraft
> und die Herrlichkeit in Ewigkeit.
> Amen.

Vom Fallen der Blätter und vom Abschied-nehmen

Allerheiligen – Allerseelen – Halloween

Allerheiligen ist ein Hochfest der katholischen Kirche, an dem aller Heiligen gedacht wird: sowohl derer, die offiziell heiliggesprochen sind, als auch all derer, »um deren Heiligkeit niemand weiß als Gott«.

Die Wurzeln des Allerheiligenfestes liegen in einer Gedenkfeier für Märtyrer, die bereits im 4. Jahrhundert in Syrien und Griechenland bekannt war und am ersten Sonntag nach Pfingsten begangen wurde. In den orthodoxen Kirchen ist dieser Termin für das Allerheiligenfest erhalten geblieben.

Papst Gregor IV. verlegte den Termin im Jahr 835 auf den 1. November. Die Gründe für diese Datierung weisen nach Irland und gehen vermutlich auf das keltische Neujahrs-fest »Samhain« zurück, das bereits seit 500 v. Chr. am 31. Oktober gefeiert wurde. Nach dem Verständnis der irischen Kelten war das Jahr in zwei Zeiten eingeteilt: in den Sommer und in den Winter. Mit dem 31. Oktober ende-te der Sommer: Die Ernte musste eingefahren und Vorräte für den Winter bereitgestellt sein. So wurde Samhain sowohl als Erntedankfest gefeiert wie zugleich als Übergang von dem fruchtbringenden Sommer hin zu der Dun-kelheit des Winters mit ausgelassenen Festen begangen. Samhain galt auch als der keltische Gott der Toten, den man mit Feiern und Opfergaben ehren sollte. Daher wurde am 31. Oktober auch der Verstorbenen gedacht. Nach keltischer Vorstellung stiegen ihre See-len in dieser Nacht als Geister in die reale Welt hervor, um allerlei Schaden anzurichten und vor allem die Lebenden zu erschrecken und zu belästigen. Diese wiederum stellten Opferga-ben, Seelenkuchen (soul cakes) vor die Tür, um die Geister zu beschwichtigen. Durch die-se Opferrituale hatte das Fest ursprünglich

also einen spirituellen Charakter. Zudem entwickelte sich der Brauch, sich mit Hilfe von Masken und Kostümen zu verkleiden, damit die Geister einen nicht erkannten. Der katholischen Kirche waren diese heidnischen Sitten ein Dorn im Auge. Von daher versuchte Papst Gregor IV. wohl mit der Datierung des Allerheiligen-Festes auf den 1. November dem Samhainkult ein christliches Gewand zu geben. Der Ausdruck »Halloween« leitet sich von dem Begriff »All Hallows Eve« her – der »Vorabend von Allerheiligen«. Am Vorabend von Allerheiligen entwickelten sich im Mittelalter dann Heischebräuche: Man bekam ein Stück »Seelenkuchen« – ein Stück Hefekuchen mit Rosinen –, wenn man versprach, für die verstorbenen Angehörigen zu beten.

Durch irische Auswanderer gelangte das Halloweenfest in den 1840er Jahren in die USA. Da man dort keine Rüben kannte, nahm man Kürbisse, um sie auszuhöhlen und gruselige Gesichter und Laternen aus ihnen zu schnitzen. Schon bald entstand auch hier für die Kinder ein Heischebrauch: Mit dem Ruf »Trick or Treat« (Süßes oder Saures) zogen sie von Haus zu Haus, um Süßigkeiten zu ergattern; denen, die eine solche Gabe verweigerten, wurde ein Streich gespielt.

Seit den 1970er Jahren eroberte »Halloween« nach und nach auch Europa. Das Fest wird hier allerdings – ohne jedweden spirituellen Hintergrund – als reine Gruselparty verstanden.

Die Legende von Jack O'Lantern

Vor langer Zeit lebte in Irland ein alter, geiziger Hufschmied, der Jack hieß. An einem Abend vor Allerheiligen saß er einmal wieder in der Kneipe, als der Teufel kam, um ihn zu holen. Da bat Jack den Teufel, ihm ein Bier zu spendieren. Der Teufel willigte ein; Jack trank sein Bier, doch als es ans Bezahlen ging, stellte der Teufel fest, dass er kein Geld dabei hatte. Da verwandelte er sich in eine Geldmünze. Hastig griff Jack danach und steckte sie in seine Geldbörse. Da er darin auch ein kleines silbernes Kreuz verwahrte, war es dem Teufel nicht möglich, sich zurückzuverwandeln. Jack verhandelte mit dem Teufel: Wenn er ihn noch zehn Jahre leben ließe, würde er ihn freilassen. Dem Teufel blieb gar nichts anderes übrig, als auf den Handel einzugehen. Zehn Jahre später, wiederum am Abend vor Allerheiligen, erschien der Teufel ein zweites Mal bei Jack, um ihn zu holen. Wiederum hatte Jack eine Bitte: er würde so kurz vor seinem Tod gerne noch einen Apfel essen. Der Teufel ging darauf ein und kletterte sogar selbst in den Apfelbaum, um ihm einen frischen Apfel zu pflücken. Schnell zog Jack sein Messer hervor und schnitzte ein Kreuz in die Rinde des Baumes. »Was verlangst du dieses Mal?«, fragte der Teufel wütend. »Dass du mich ganz in Ruhe lässt«, forderte Jack. Als der Teufel ihm das Versprechen gegeben hatte, entfernte Jack das Kreuz aus der Rinde, so dass der Teufel verschwinden konnte. Als Jack viele Jahre später starb, begab er sich zum Himmelstor und bat um Einlass. Da er jedoch zu vielen Menschen gemein und hinterhältig gewesen war, wurde er abgewiesen. Also machte er sich zur Hölle auf. Da der Teufel ihm aber versprochen hatte, ihn nicht zu holen, wurde ihm auch dort der Eintritt verwehrt. Der Teufel schickte ihn fort, doch weil es zwischen Himmel und Hölle kalt und windig war, bekam er Mitleid mit Jack. Er nahm ein Stück glühender Kohle aus dem Höllenfeuer und gab es dem Armen. Doch die Kohle war so heiß, dass er sie kaum anfassen konnte. Er nahm eine Rübe aus der Tasche, die er sich als Wegzehrung eingesteckt hatte, höhlte sie geschwind mit einem Messer aus und legte die Kohle hinein. Seitdem geistert Jack mit seiner Laterne am Abend vor Allerheiligen durch die Nacht.

Huhu, das kleine Schlossgespenst
Eine Schauer-Geräusche-Mitmachgeschichte

In einer alten Burg in einem tiefen, dunklen Wald, da lebte Huhu, das kleine Burggespenst. Es hatte eine hübsche, weiß schimmernde Farbe und konnte einfach so wie ein Lufthauch durch Wände spazieren. Dazu trug es eine kleidsame schwere Eisenkette, mit der es herrlich rasseln konnte. Huhu hieß das kleine Gespenst, weil es nachts, wenn alle schliefen, durch die Gänge huschte und laut »Huhuuuu!« rief. Manchmal wachten dann die Burgbewohner auf und fürchteten sich ganz fürchterlich. Dann schauten sie nach, ob sie die Türen fest abgeschlossen hatten und ließen ihre Kerzen brennen. Dabei konnte Huhu mühelos durch alle Wände gehen und brauchte überhaupt keine Türen. Und vor ein bisschen Kerzenlicht hatte es schon gar keine Angst. Überhaupt trieb Huhu am liebsten Schabernack und ärgerte Menschen und Tiere.

Am liebsten ärgerte Huhu die Burgkatze Bärtchen. Bärtchen war ein alter Kater, dem unter dem Kinn ein paar Katzenhaare wucherten, die aussahen wie ein kleiner Bart. Weil Bärtchen schon älter war, lag er am liebsten auf der Burgmauer am kleinen Gemüsegarten und ließ sich an schönen Tagen die Sonne auf den Pelz scheinen. Nachts spazierte Bärtchen oft durch die zugigen dunklen Gänge in der Burg, durch die der Wind heulte, und suchte ein paar Käserinden, die die Burgbewohner vergessen hatten wegzuräumen. Zum Mäusejagen war Bärtchen nämlich viel zu alt und viel zu faul. Wenn er dann so gemächlich da saß und ein paar Reste kaute, dann huschte Huhu um die Ecke, fegte in einem Affenzahn durch den Gang, rasselte mit seinen Ketten und schrie: »Huuuuuhuuuuu!« Dann erschrak Bärtchen meistens fürchterlich und einmal ließ er vor Schreck seine Käserinde fallen.

Ja, Huhu war ein übles Ärgernis für alle Burgbewohner, die nach Einbruch der Dunkelheit noch wach waren. Der Koch, der oft bis spät abends die Küche aufräumte, brummelte z.B. häufig, dass ihm Huhu mächtig auf die Nerven ging. Huhu liebte es nämlich, die Messer und Kochlöffel und Töpfe und Schüsseln in der Luft herumzuwerfen, die der Koch gerade abgewaschen und weggeräumt hatte. Den Rittern versteckte es die Helme und dann huschte es in die Ställe und ließ alle Pferde aus den Boxen.

Eines Tages aber, als Huhu gerade dabei war, mitten in der tiefen Nacht in der Burghalle ein furchtbar lautes Gespensterlied zu singen, da spielte doch tatsächlich jemand Huhu einen Streich. Gerade nämlich als Huhu die siebenundzwanzigste Strophe anstimmte, huschte ein anderes Gespenst durch die Halle, zog an Huhus Gespenstertuch und schnappte sich seine Eisenkette. Huhu hörte vor Schreck auf zu singen und musste sich kurz auf den kalten Steinboden setzen. Schlotternd vor Angst rief Huhu schließlich: »Ha..hallo? W...w...wer bist d...d...denn du?«

»Ich bin der böse Burggeist und ich befehle dir: Hör auf zu singen und die Leute und Katzen zu ärgern, sonst passiert dir etwas ganz, ganz Schlimmes!«

»G...gut. Ich ärgere nie mehr jemanden!«, versprach Huhu schnell.

»Versprochen?«, fragte der böse Burggeist und ließ Huhus Kette rasseln.

»Jaja, ich verspreche es hochfeierlich bei meiner Gespensterehre und bei Fledermaus und Vampirflügel!«

»Juhuuu!«, rief der böse Burggeist. Da passierte etwas ganz Seltsames. Der Burggeist zog plötzlich seinen Gespensterumhang aus und darunter kam ... der Koch zum Vorschein. Der Koch kicherte vergnügt und drückte Huhu wieder seine Kette in die Hand. »Vergiss nicht, dass du uns nicht mehr ärgern darfst. Bei deinem Gespensterehrenwort!« Dann klopfte er Huhu freundlich und aufmunternd auf die Schulter und merkte gar nicht, dass Huhu ja gar keine Schulter hatte, sondern nur weiße Luft. Dann marschierte er fröhlich davon. Huhu war ganz schön erstaunt. Das kleine Gespenst war sogar so erstaunt, dass es, völlig ohne es zu merken, Bärtchen am Bärtchen kraulte. Dann stopfte es seine Kette in eine große Truhe und setzte sich ruhig auf die Spitze des Burgturms, um nachzudenken. In der nächsten Nacht half es dem Koch, das schmutzige Geschirr in der Küche aufzuräumen, rieb einen Ritterhelm blitzblank und sauber und brachte Bärtchen ein paar Reste aus der Küche. Dann summte es leise ein Gespensterliedchen und schwebte zweimal um die Burgzinne. Nett sein machte eigentlich auch Spaß.

160

Tipps zur Umsetzung:

Mit den Kindern kann man überlegen, welche Geräusche in der Geschichte vorkommen (sind hier dunkelrot gedruckt)

◎ Wie lassen sich die Geräusche nachmachen? Fragen Sie die Kinder, wie sie sich die Geräusche vorstellen. Manche kann man mit dem Mund machen, für andere braucht man Hände, Werkzeuge oder geheimnisvolle Materialien.

◎ Wer mag, kann eine Geräuschekiste anlegen, in der sich beispielsweise Holzlöffel und Topfdeckel, eine Rasselkette, ein paar Zündhölzer oder Knisterpapier (für die Kerzen) und weitere Materialien befinden.

 ## Kürbissuppe

⊳ Zutaten für 4 Personen:

1 kg Kürbis, am besten Hokkaido, 2 kleine Schalotten (ca. 40 g), 1 Knoblauchzehe, 20 g frischer Ingwer, 1 rote Chilischote, 1 Zweig Rosmarin, 2 Zweige Thymian, 30 g Butter, 800 ml Gemüsebrühe, 2 TL Salz, 2 TL Zitronensaft, 1 Prise Cayennepfeffer, 150 ml Sahne. Einwegbeutel oder Filtertüte und Küchengarn für die Kräuter.
Für die Garnitur: 2 EL Kürbiskerne, 1 EL Kürbiskernöl, 2 EL saure Sahne, 2 TL gehackte Petersilie

⊳ Zubereitung:

Den Kürbis aufschneiden, die Samen entfernen, die Schale dünn abschneiden und das Fruchtfleisch in Stücke schneiden. Die Schalotten, den Knoblauch und den Ingwer ebenfalls schälen und würfeln, die Chilischote waschen, aufschneiden, entkernen (Handschuhe!) und zerkleinern.
Die Butter in einem großen Topf erhitzen und die Schalotten- und Knoblauchwürfel darin andünsten. Den Kürbis, die Chilischote und den Ingwer dazugeben und kurz mit anschwitzen. Mit Gemüsebrühe ablöschen und alles einmal aufkochen lassen. Die Hitze reduzieren. Die Kräuter (Rosmarinnadeln, Thymianblättchen) in Einwegbeuteln (ersatzweise in eine Kaffeefiltertüte geben und mit Küchengarn zubinden) in den Sud hängen und mit köcheln lassen.
In der Zwischenzeit die Petersilie grob hacken. Die Kürbiskerne in einer Pfanne bei mittlerer Hitze – ohne Fettzugabe – anrösten. Nach ca. 15 Minuten gesamter Garzeit den Kräuterbeutel aus dem Topf nehmen und die Suppe pürieren. Die Sahne unterrühren und alles noch einmal kurz aufkochen lassen. Mit Salz, Pfeffer, Cayennepfeffer und Zitronensaft kräftig abschmecken. Die Suppe mit dem Stabmixer aufschäumen. Sollte die Suppe noch zu sämig sein, kann man weitere Gemüsebrühe und Sahne dazugeben. Die Suppe in Suppenschalen füllen, jeweils einen TL saure Sahne daraufgeben, mit den Kürbiskernen, grob gehackter Petersilie und einigen Tropfen Kürbiskernöl garnieren.

Vom Abschiednehmen

An Allerheiligen wird mit Gottesdiensten und Friedhofsbesuchen seit jeher das Andenken der Heiligen geehrt. Mit diesem Feiertag hat sich das Gedenken an die Verstorbenen verbunden: Man geht auf den Friedhof und besucht die Gräber der Verstorbenen, die für diesen Tag besonders geschmückt werden.

Evangelische Christen besuchen hingegen die Gräber ihrer Verstorbenen am Ewigkeitssonntag, dem letzten Sonntag im Kirchenjahr, also dem Sonntag vor dem ersten Advent.

Es ist bei der Grabpflege wichtig, die Kinder mit einzubeziehen, damit sie selbst auch ihrer Trauer Ausdruck geben können. Sie können selbst eine Blume, einen Stein, einen Tannenzweig oder einen Tannenzapfen auf das Grab legen; wenn sie mögen, auch ein selbst gemaltes Bild oder eine eigenhändig gestaltete Tonfigur dazustellen oder eine Kerze anzünden. Wichtig ist, dass die Kinder auch über ihre Gefühle in diesen Augenblicken reden können. Man kann mit den Kindern auch über die folgende Geschichte ins Gespräch über Sterben und Tod kommen.

Nicht aufgeben!

In einem großen Wald wuchsen vielerlei Bäume: Eichen, Buchen, Erlen, Fichten, Tannen, Lärchen und noch einige mehr. Der Boden war gut, und alle Bäume hatten genügend Platz und Sonne, sodass sie prima wachsen konnten. Wenn der Wind über das Land fegte und an den Bäumen rüttelte, machte ihnen das überhaupt nichts aus. Nur ein paar Birken, die zusammen auf einer kleinen Lichtung standen, knarrten und ächzten, wenn der Wind durch ihre Äste pfiff.

Eine dieser Birken war schon sehr alt. Und als der Herbstwind eines Tages wieder heftig an ihren Ästen zerrte, da war sie einfach zu müde, um sich weiter zu wehren.

»Ich habe keine Kraft mehr«, raunte sie den anderen Birken zu. »Ich lasse mich fallen.« »Nicht aufgeben!«, riefen die anderen und streckten ihre Äste aus. »Wir halten dich!«

Aber die alte Birke wollte nicht mehr gehalten werden. »Ich mag nicht mehr, ich will endlich meine Ruhe«, ächzte sie und ließ die Äste hängen. Als der Wind merkte, dass sie schwankte, zerrte und rüttelte er so lange an ihr, bis sie fiel. Mit einem dumpfen Schlag landete die Birke auf der Erde. Dort lag sie bis der Winter kam und sie mit Schnee zudeckte.

Es wurde ein langer Winter. Der Schnee schmolz erst in der Märzsonne. Da kam auch die Birke wieder zum Vorschein. Sie sah so aus, als sei alles Leben aus ihr verschwunden. Doch das täuschte.

An einem warmen Tag im Mai regten sich zwei junge Triebe und es dauerte nicht lange, bis zwei winzige Bäumchen aus dem Stamm der alten Birke wuchsen. Da staunten die anderen Birken und freuten sich.

MANFRED MAI

Tipp:
Zur Geschichte können Kinder ein Bild malen. Was stimmt uns manchmal traurig, was macht uns Hoffnung und Freude? Ein Gespräch kann sehr wertvoll sein.

Lieber Gott,
ich habe die Oma so lieb gehabt.
Sie hat mir immer so schöne Geschichten erzählt
und ich bin jetzt ganz furchtbar traurig,
dass sie nicht mehr bei mir ist.
Pass gut auf sie auf,
damit es ihr bei dir im Himmel
richtig gutgeht
und mach, dass sie mal
aus den Wolken
zu mir herunter sieht.
Amen.

CHRISTA SPILLING-NÖKER

Wenn du achtest
und ehrst,
was dem Verstorbenen
wichtig und wesentlich,
was ihm heilig war,
dann wirst du ihm
verbunden bleiben
in einer Liebe,
die die Schrecken
des Todes bereits
überwunden hat.

CHRISTA SPILLING-NÖKER

Vom Mann, der seinen Mantel teilte: der heilige Martin

11 November

Endlich dämmerte es. Matthias und Anne freuten sich schon den ganzen Tag auf diesen besonderen Abend. Aber sie mussten sich noch zwei Stunden gedulden, bis sie die Kerzen in ihren selbst gebastelten Laternen würden anzünden dürfen. Vorher gab es noch, wie in jedem Jahr am 11. November, zum festlichen Abendessen Gänsebraten mit Klößen und Rotkohl. Als alle gemeinsam am Tisch saßen, fragte Matthias: »Warum machen wir eigentlich gerade heute einen Laternenumzug?«

»Wir denken heute an den heiligen Martin, denn das war ein ganz besonderer Mensch«, meinte die Mutter ernst. »Der 11. November war sein Beerdigungstag.« »Was ist denn an dem so wichtig?«, wollte nun Anne wissen. »Der Martin war der Sohn eines römischen Offiziers. Es war im 4. Jahrhundert, als der Martin lebte, so üblich, dass die Söhne von Berufssoldaten auch Soldat werden mussten, und so musste Martin gegen seinen Willen schon mit 15 Jahren zum Heer.« »Dann feiern wir heute einen Soldaten?«, warf Matthias fragend ein. »Natürlich nicht«, ließ sich nun auch der Vater vernehmen. »Der Martin hatte sich schon in seiner Kindheit und Jugend mit dem christlichen Glauben beschäftigt. Er half armen Menschen, indem er ihnen von seinem Soldatensold abgab, stand Kranken bei und half, wo er konnte.« »Dann hat er Nächstenliebe geübt«, warf Matthias ein. »Darüber haben wir gerade im Religionsunterricht gesprochen.« »Gut aufgepasst«, lobte die Mutter, strich ihrem Ältesten über das Haar und fuhr fort: »Wer Nächstenliebe übt, bringt armen und traurigen Menschen Licht ins Dunkel. Das ist eine Erklärung, weshalb wir heute einen Laternenumzug machen. Ursprünglich hat sich dieser Brauch vermutlich aus Lichterprozessionen am Grab des Heiligen entwickelt.« »Ach, so ist das«, sagte nun Anne. »Die bedeutendste Legende«, fuhr die Mutter fort, »erzählt davon, dass Martin eines Tages, als er nur seinen Soldatenmantel trug und außer seinen Waffen nichts bei sich hatte, einem armen unbekleideten Mann begegnete, der angesichts der bitteren Kälte zu erfrieren drohte. Martin zögerte nicht lange, schnitt mit dem Schwert seinen Mantel entzwei, gab dem Bettler die eine Hälfte und hüllte sich notdürftig in die andere. Die Umherstehenden lachten und spotteten über ihn. Martin aber störte sich nicht daran.« »Er hatte nach dem Vers aus dem Matthäusevangelium gehandelt, wo Jesus sagt: ›Was ihr einem meiner geringsten Brüder getan habt, das habt ihr mir getan‹«, ergänzte der Vater. »Und den Schwestern muss man nicht helfen?«, fragte Matthias mit einem Seitenblick auf Anne. »Doch, natürlich«, lachte die Mutter, »damals standen die Männer immer im Vordergrund, aber heute würden wir sagen: ›Was ihr meinen Schwestern und Brüdern getan habt … ‹« »Siehste«, freute sich Anne, »dann darfst du mir auch nicht immer mein Spielzeug wegnehmen und musst mir mal bei den Schulaufgaben helfen.«

Matthias wurde rot und fragte, um von sich abzulenken: »Was ist denn aus dem Martin geworden?« »Als er achtzehn Jahre alt war, trat er aus der Armee aus und ließ sich taufen. Von da an lebte er einige Jahre als Missionar, bevor er 361 n.Chr. das erste Kloster Galliens gründete. Dort hat er selbst ein frommes und bescheidenes Leben geführt. Im Jahr 371/372 n.Chr. wurde er zum Bischof von Tours gewählt. Doch er wollte gar nicht Bischof werden und hat sich, einer Legende nach, in einem Gänsestall versteckt. Aber die Gänse verrieten ihn durch ihr lautes Geschnatter, so dass er gefunden wurde und dann doch geweiht werden konnte.« »Und deshalb haben wir heute einen Gänsebraten auf dem Tisch«, murmelte der Vater und schnitt sich noch ein Stück von dem zarten Brustfleisch ab. »Auf einer Seelsorgereise ist er dann am 8. November 397 gestorben. Er wurde schon zu seinen Lebzeiten verehrt und zählt zu den ersten Heiligen, die nicht als Märtyrer gestorben sind.« Die letzten Worte der Mutter gingen allerdings in der Aufregung unter, dass die alte Standuhr »sieben« geschlagen hatte, und es nun allerhöchste Zeit war, sich anzuziehen und zum Laternenumzug aufzubrechen.

Sankt Martin

2. Sankt Martin, Sankt Martin,
   im Schnee, da saß ein armer Mann,
   hatt' Kleider nicht, hatt' Lumpen an:
   »Oh helft mir doch in meiner Not,
   sonst ist der bitt're Frost mein Tod!«

3. Sankt Martin, Sankt Martin,
   Sankt Martin zieht die Zügel an,
   sein Ross steht still beim braven Mann.
   Sankt Martin mit dem Schwerte teilt
   den warmen Mantel unverweilt.

4. Sankt Martin, Sankt Martin,
   Sankt Martin gibt den halben still,
   der Bettler rasch ihm danken will.
   Sankt Martin aber ritt in Eil
   hinweg mit seinem Mantelteil.

VOLKSLIED VOM NIEDERRHEIN

Laterne, Laterne

Laterne, Laterne, Sonne, Mond und Sterne! Brenne auf mein Licht, brenne auf mein Licht, aber nur meine liebe Laterne nicht.

 Wir basteln eine Luftballonlaterne

Was wir brauchen:

- Luftballon
- buntes Transparentpapier, Butterbrotpapier (etwa 10 Bögen)
- Tapetenkleister (ca. 100 ml)
- Draht
- Schere
- Zange
- Stopfnadel
- Schüssel
- Pinsel
- Eimer
- Elektrolaternenstab

Wie es geht:

Der Tapetenkleister wird in der Schüssel angerührt. Bis er fertig ist, können wir schon einmal das Transparent- und Butterbrotpapier in etwa 3 x 4 cm große Stücke reißen. Dann blasen wir den Luftballon auf und verknoten ihn. Der Ballon wird nun mit Kleister bestrichen und die Papierstücke aufgeklebt – fünf bis sieben Lagen sind ideal. Wichtig ist, den Bereich um den Luftballon-Knoten nicht zu bekleben. Wenn alle weiteren Flächen des Ballons beklebt sind, legt man ihn in den Eimer, wo er mehrere Tage trocknen kann.

Nach dem Trocknen schneidet man ein Loch rings um den Knoten. Am Rand werden zwei gegenüberliegende Löcher angebracht, durch die ein Draht gezogen wird. Den Draht nun nur noch an den Enden verzwirbeln und ein Licht hineinstellen – fertig ist die Laterne.

Das Mantelteilspiel

Ein Spiel, bei dem Teilen und Gewinnen zusammen-
gehören. Für jeden Mitspieler wird ein kompletter
Mantelsatz kopiert und die Einzelteile werden ausgeschnitten. Ein Mantelsatz besteht aus sechs Einzel-
teilen. Es werden nun alle Mantelsätze auf dem Tisch
verteilt. Und schon kann es losgehen: Wer an der Reihe
ist, darf würfeln; die Augenzahl auf dem Würfel gibt
an, welchen Teil des Mantels der Spieler sich nehmen
kann. Würfelt ein Spieler einen Mantelteil, den er
bereits hat, dann gibt er diesen Teil an einen anderen
Mitspieler ab, dem dieser noch für die Vervollständi-
gung des eigenen Mantels fehlt. Dann wechselt der
Würfel an den nächsten Mitspieler. Wer zuerst alle Teile des Mantels beisammen hat,
hat gewonnen – und teilt die gewonnene Schokoladentafel mit seinen Mitspielern.

Liebe kennt keine Grenzen: die heilige Elisabeth

Sie war von Haus aus eine ungarische Prinzessin, die Elisabeth. Schon als kleines Mädchen von vier Jahren wurde sie mit dem elfjährigen Hermann, dem ältesten Sohn des thüringischen Landgrafen, verlobt und musste in der Ferne am thüringischen Hof aufwachsen.

Natürlich war die Trennung von den Eltern sehr schmerzhaft. Aber es kam noch schlimmer. 1213 wurde ihre Mutter ermordet und 1216 starb Hermann, ihr zukünftiger

Ehemann. Man hielt es für das Beste, sie in ihre Heimat zurückzuschicken. Doch inzwischen hatte sich Elisabeth in Hermanns jüngeren Bruder Ludwig verliebt, den sie im Alter von vierzehn Jahren heiratete. Die beiden wurden sehr glücklich miteinander und bekamen drei Kinder.

Elisabeth litt unter der gewaltigen Ungerechtigkeit zwischen ihrem prunkvollen Leben am Hof und der Armut der Bevölkerung. Nach und nach verschenkte sie ihre teuren Kleider und ihren Schmuck und trug nur noch ganz schlichte Kleidung. Bald aber begnügte sie sich nicht mehr mit dem Spenden von Almosen. Sie suchte Kranke und Bedürftige auf und pflegte sie. Außerdem nahm sie sich in einem Spital vor allem der aussätzigen und verkrüppelten Kinder an. Als um das Jahr 1225 eine Hungersnot ausbrach, ließ sie die landesgräflichen Kornkammern öffnen, damit das Volk versorgt werden konnte. Das führte natürlich zu Unruhen am Hof, denn dort wollte keiner auf das bisherige Wohlleben verzichten.

Nachdem ihr Mann 1227 im Krieg gefallen war, stand Elisabeth allein da. Ihr Schwager nahm ihr das gesamte Erbe weg. So lebte sie jetzt selbst als Bettlerin in völliger Armut. Schließlich gelang ihr die tief ersehnte Aufnahme in einen Orden. Als Preis dafür musste sie sich allerdings von ihren drei Kindern trennen.

Ihre Verwandten mütterlicherseits kämpften weiter für ihre Rechte. So hat sie einen Teil ihres Witwenerbes zurückgewinnen können. Mit dem Geld gründete sie 1228/29 in Marburg das Franziskus-Hospital; dort arbeitete sie selbst als Krankenpflegerin. Im November 1231 wurde sie schwer krank und starb, völlig entkräftet, am 17. November im Alter von nur 24 Jahren. Ihr Gedenktag ist der Tag ihrer Beisetzung, der 19. November. Schon kurze Zeit danach sollen sich an ihrem Grab zahlreiche Wunder ereignet haben. Bereits vier Jahre nach ihrem Tod wurde Elisabeth heiliggesprochen.

Das Rosenwunder

Wieder einmal hatte sich Elisabeth zusammen mit einigen ihrer Dienerinnen aufgemacht, um Lebensmittel zu den Armen am Fuße der Wartburg zu bringen. Viele Missgünstige am Hofe hatten Elisabeths Mann, den Landgrafen Ludwig, aufgestachelt, seine Frau würde noch alles Hab und Gut unter den Bedürftigen verteilen. So trat er ihr entgegen und fragte, was sie in ihrem Korb habe. Sie antwortete: »Rosen, mein Herr«. Ungläubig deckte Ludwig das Tuch auf – und anstelle der eingepackten Brote lagen tatsächlich duftende Rosen im Korb. Der Landgraf staunte und sagte zu den missgünstigen Höflingen: »Lasst sie nur weiter Almosen verteilen, sofern sie nicht gerade unsere Burgen verschenkt.«

Wenn das Brot, das wir teilen

1. Wenn das Brot, das wir tei-len, als Ro-se blüht, und das Wort, das wir spre-chen als Lied er-klingt, *Kv* dann hat Gott un-ter uns schon sein Haus ge-baut, dann wohnt er schon in un-se-rer Welt. Ja, dann schau-en wir heut schon sein An-ge-sicht in der Lie-be, die al-les um-fängt, in der Lie-be, die al-les um-fängt.

2. Wenn das Leid jedes Armen uns Christus zeigt
   und die Not, die wir lindern, zur Freude wird,
   dann hat Gott unter uns schon sein Haus gebaut ...

3. Wenn die Hand, die wir halten, uns selber hält
   und das Kleid, das wir schenken, auch uns bedeckt,
   dann hat Gott unter uns schon sein Haus gebaut ...

4. Wenn der Trost, den wir geben, uns weiter trägt
   und der Schmerz, den wir teilen, zur Hoffnung wird,
   dann hat Gott unter uns schon sein Haus gebaut ...

5. Wenn das Leid, das wir tragen, den Weg uns weist
   und der Tod, den wir sterben, vom Leben singt,
   dann hat Gott unter uns schon sein Haus gebaut ...

TEXT: CLAUS-PETER MÄRZ / MELODIE: KURT GRAHL

Winter

Ich male ein Bild,
ein schönes Bild,
ich male mir den Winter.
Weiß ist das Land,
schwarz ist der Baum,
grau ist der Himmel dahinter.

Sonst ist da nichts,
da ist nirgends was,
da ist weit und breit nichts zu sehen.
Nur auf dem Baum,
auf dem schwarzen Baum
hocken zwei schwarze Krähen.

Aber die Krähen,
was tun die zwei,
was tun die zwei auf den Zweigen?
Sie sitzen dort
und fliegen nicht fort.
Sie frieren nur und schweigen.

Wer mein Bild besieht,
wie's da Winter ist,
wird den Winter durch und durch spüren.
Der zieht einen dicken Pullover an
vor lauter Zittern und Frieren.

JOSEF GUGGENMOS

Advent – vom Zauber des Wartens

Der Adventszeit wohnt ein besonderer Zauber inne. Wir schmücken die Wohnung mit Tannenzweigen und Sternen, mit Engeln und Kugeln. Wir backen Plätzchen, so dass der Duft nach Lebkuchen, Spekulatius und Zimtsternen die Räume durchdringt. Aus Stroh und Goldfolie basteln wir Sterne, und heimlich werden die ersten Weihnachtsgeschenke versteckt. An den dunklen Abenden zünden wir eine oder schon mehrere Kerzen am Adventskranz an, singen miteinander Adventslieder, hören Musik oder freuen uns, wenn jemand aus der Familie Geschichten vorliest. Diese heimelige Atmosphäre lädt zum Träumen ein, entlockt uns Sehnsuchtsbilder von einer heilvollen Zukunft.

Auf eine heilvolle, friedliche Zukunft hatten die Menschen in Israel schon fast 900 Jahre vor Jesu Geburt gewartet – dass einer kommt, der der Welt endlich den Frieden bringt. Ihre Vorstellung davon verbanden sie mit dem König David (ca. 1000 v. Chr.), der ein großes Friedensreich geschaffen hatte, das von Wohlstand geprägt war. Da ein König im Alten Israel zur Einsetzung in sein Amt gesalbt wurde, nannte man ihn auch Gesalbter, was auf aramäisch »Messias« heißt und auf altgriechisch »Christos«.

Bis zur Zeit der Geburt Jesu war die jüdische Bevölkerung in immer wieder neue Kriege verwickelt gewesen und von anderen Mächten unterdrückt worden. Zur Zeit, als die Römer das jüdische Volk beherrschten, erwachte erneut die Hoffnung auf einen Messias, der endlich Befreiung von den Unterdrückern, Frieden, Gerechtigkeit und Wohlstand bringen würde.

In beeindruckenden Hoffnungsbildern schildert der Prophet Jesaja (700 v. Chr.), wie dieser Frieden aussehen würde: Lamm und Wolf liegen beieinander, Kälber und Löwen

weiden gemeinsam, denn der Löwe ernährt sich auch von Gras; die Kuh verträgt sich mit der Bärin, und die Schlangen können Kindern nicht mehr gefährlich werden. Mit anderen Worten: Es gibt nichts und niemanden mehr, von dem eine Bedrohung für irgendein Lebewesen auf der Erde ausgehen könnte.

Lebt dieser Traum von einer wirklich heilen Welt nicht auch in uns? Der Traum, dass es keine Kriege mehr gibt und die Menschen sich untereinander verstehen?

Wir Christen glauben, dass mit Jesus Christus der erwartete Messias in die Welt gekommen ist. In der Adventszeit warten wir auf die Ankunft Jesu, die wir mit seiner Geburt zu Weihnachten feiern. Die Welt wird dadurch nicht von heute auf morgen heil. Aber wir warten darauf, dass eine neue Hoffnung in der Welt zu atmen

beginnt, die unsere Herzen zu Frieden und Versöhnung hin verwandelt. Die Menschwerdung Gottes in dem Kind von Betlehem will uns dazu bewegen, unsere Träume von einer besseren Welt Wirklichkeit werden zu lassen, damit der Mensch wirklich Mensch werden kann, damit die Liebe in uns und unter uns immer wieder neu zur Welt kommt.

Advent

Advent – das heißt:
wachsam sein und erwarten,
dass etwas Neues geschieht,
Begegnung stattfindet,
die das Herz berührt
und das Leben von innen her
verwandelt.

Advent – das heißt:
Zukunft steht offen,
auch jenseits der Tränen
wird liebendes Lächeln möglich
und durch Schmerzen hindurch
kann neue Hoffnung
geboren werden.

Advent – das heißt:
Heil ist nahe.
Trotz aller Zerrissenheit
in Herz und Seele
wird Ganzheit erwachsen,
die Erfüllung verspricht.

CHRISTA SPILLING-NÖKER

Zeiten des Wartens

Wer kennt das nicht: Wir stehen auf dem Bahnsteig und warten auf den Zug, der einen lieben Menschen zu uns bringen soll. Dann die Durchsage: »Der Zug hat zehn Minuten Verspätung!« Aber bevor man sich der Ungeduld hingibt, kann man auch den Wert des Wartens entdecken. Das Warten auf einen lieben Menschen kann unsere Vorfreude steigern, in der Schlange an der Kasse können wir heitere Beobachtungen machen oder ein wenig vor uns hinträumen – und die Jahreszeiten sind in ihrer jeweiligen Besonderheit so schön, dass wir sie lieber genießen als verwünschen sollten.

Sich in Geduld fassen zu können und den Augenblick so hinzunehmen, wie er nun einmal ist, ohne seine Energie in Ärger zu verbrauchen, ist eine hohe Lebenskunst. Allerdings sollte man aber vor lauter Warten nicht den richtigen Augenblick versäumen, in dem einem die Stunde des Glücks schlägt.

So heißt es ja auch im Lukasevangelium zur Geburt Jesu: »Als sich die Zeit erfüllt hatte.« Neben dem Warten kommt es also auch darauf an, den rechten Zeitpunkt zu erkennen, wann »die Zeit erfüllt« ist, wann unsere Aktivität, unser Handeln gefordert ist.

Mit dem Adventskalender die Zeit des Wartens überbrücken

Wie der Adventskalender entstanden ist

Die Ursprünge des Adventskalenders lassen sich bis ins 19. Jahrhundert zurückverfolgen. Um dem ungeduldigen Fragen der Kinder zu entgehen, wie lange es denn bis Weihnachten noch dauern würde, hängten viele religiös geprägte Eltern jeden Tag ein Bild an die Wand. Andere malten 24 Kreidestriche an die Wand oder Tür, von denen die Kinder jeden Tag einen wegwischen durften.

Eine besondere Idee hatte die Mutter von Gerhard Lang, eines schwäbischen Pfarrerssohn (1881-1974). Sie zeichnete 24 Kästchen auf einen Karton und nähte auf jeden einen Keks. Jeden Tag durfte der Junge eines dieser »Wibele« davon abnehmen und knabbern. Gerhard Lang übernahm die Idee seiner Mutter, verzichtete aber auf die Plätzchen und gab seit 1908 Adventskalender mit aufgedruckten farbigen Bildern heraus. Erst 1920 erschienen die ersten Adventskalender, an denen man jeden Tag ein Türchen zum Öffnen vorfand. Seit 1958 gibt es auch Adventskalender, in denen an Stelle der Bilder 24 Schokoladenfiguren oder Pralinen versteckt sind.

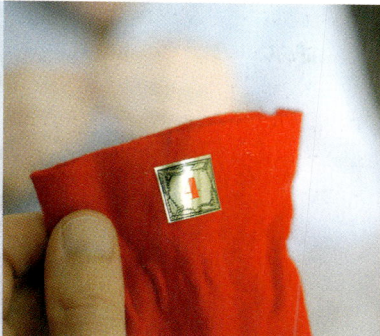

⟶ Was wir brauchen:

- ◎ 12 rote Filzplatten (19 x 30 cm)
- ◎ 1 Rolle rotes Nähgarn
- ◎ 24 Zahlen zum Aufkleben von 1–24
- ◎ ca. 6 Meter Goldkordel oder schmales Goldband
- ◎ 24 kleine Geschenke, die in die Filzbeutel hineinpassen
  (z.B. Süßigkeiten, kleine Tonfiguren wie Engel oder Weihnachtsmänner, kleine Sterne oder ein Gutschein für etwas Schönes), Schere, Nadel zum Zusammennähen der Säckchen, sofern dafür keine Nähmaschine zur Verfügung steht, ein flacher Korb oder eine Schale von ca. 30 bis 40 cm Durchmesser

⟶ Wie es geht:

Die Filzplatten werden einzeln zusammengefaltet und in der Mitte durchgeschnitten, so dass wir am Ende 24 Platten in der Größe von 9,5 x 15 cm haben. Diese Stücke werden nun wieder gefaltet, so dass sich daraus doppelte Stücke in der Größe von ca. 4,8 x 7,5 cm ergeben.

Mit der Nähmaschine oder von Hand werden die untere Kante sowie die eine offene Seite geschlossen. Danach werden die entstandenen Säckchen gewendet und glatt gestrichen. Jetzt werden die Säckchen mit einer Nummer von 1 bis 24 beklebt und anschließend gefüllt; dabei mag man bedenken, ob man für den Nikolaustag, die Adventssonntage und den Heiligen Abend ein besonderes kleines Geschenk, wie z.B. eine kleine Kerze oder einen Schokoladen-Nikolaus verstecken möchte. Abschließend werden die Säckchen mit Kordel oder Band zugebunden und in den Korb bzw. die Schale gelegt, die man noch mit Tannenzweigen und ein paar Sternen festlich dekorieren kann.

Möchte man größere Geschenke wie etwa eine CD unterbringen, muss man die Säckchen entsprechend größer machen und braucht dazu dann natürlich auch mehr Filz.

Johann Hinrich Wichern oder: Der Adventskranz

An einem Sonntagmorgen versammelte sich die Familie Schnack am Frühstückstisch. Da waren Vater und Mutter Schnack und die Kinder Jessi und Kalle. Heute war ein ganz besonderer Sonntag. Auf dem Tisch stand ein großer Kranz aus Tannenzweigen mit vier großen Kerzen. Der erste Advent war da. Kalle durfte als Jüngster die erste Kerze anzünden. Vorsichtig rieb er das Streichholz an der Schachtel und genauso vorsichtig zündete er die Kerze an. Er hatte heimlich mit seiner Schwester dafür geübt. Dann begann das Frühstück mit frischgebackenen Brötchen.

Mit nachdenklichem Gesicht hatte Kalle den Kranz während des ganzen Frühstücks betrachtet. Als sie fast fertig waren, fragte er plötzlich:

»Warum zünden wir eigentlich eine Kerze am Adventskranz an?«

»Weil erster Advent ist«, brummelte Jessi.

»Das weiß ich auch«, sagte Kalle beleidigt. »Aber wer hat denn den Adventskranz erfunden?«

»Eine gute Frage«, sagte der Vater. »Ich weiß es auch nicht. Weißt du etwas davon?«, fragte er seine Frau.

»Nein, aber ich habe doch das große Weihnachtslexikon.« Die Mutter stand auf und holte das Buch. Dann blätterte sie darin herum und las. Schließlich klappte sie das Buch zusammen und begann zu erzählen. »Das Ganze hat mit einem Johann Hinrich Wichern zu tun. Der wurde Anfang des 19. Jahrhunderts, 1808, in Hamburg geboren. Er war der älteste Sohn und hatte noch sieben Geschwister. Sicherlich musste er oft auf sie aufpassen. Er ist dann auch Erzieher geworden und hatte auch Theologie studiert. Das muss man studieren, wenn man Pastor werden will. Wichern war Lehrer an einer Hamburger Sonntagsschule. Früher mussten die Kinder in der Woche arbeiten um Geld zu verdienen und gingen am Sonntag in die Sonntagsschule. Wichern kümmerte sich immer um seine Mitmenschen, und ihm taten die armen Menschen und vor allem die armen Kinder leid, die oft ohne Eltern aufwachsen mussten. Da hörte er von einem Rettungshaus für Kinder, und er beschloss, auch eins aufzumachen. Aber dafür brauchte er ein Haus und vor allem viel, viel Geld.

Nach vielen Mühen und vielen Spenden war es schließlich so weit. Mit seiner Mutter, zwei Geschwistern und einigen Kindern zog er in ein Bauernhaus ein, genannt »Dat ruge Hus«, auf Hochdeutsch »Das Rauhe Haus«.

Hier konnten die Kinder in Familien mit Erwachsenen leben. Es gab Werkstätten, wo die Kinder einen Beruf erlernen und sich selbst versorgen konnten. Nach und nach wuchs um das Bauernhaus ein richtiges Dorf heran. Aber die Kinder sollten nicht nur arbeiten. Johann Hinrich Wichern legte Wert darauf, dass die Kinder sangen und beteten und ihnen von Gott und Jesus erzählt wurde.

Auch für die Menschen im »Rauhen Haus« war die Adventszeit eine ganz besondere Zeit. Und weil die Kinder immer fragten, wie viele Tage es noch bis Weihnachten wären, kam Johann Hinrich Wichern auf die Idee und machte einen großen Holzkranz mit dünnen weißen Kerzen und vier dicken roten Kerzen. Jeden Tag wurde eine weiße Kerze angezündet und an Sonntagen eine weitere der dicken roten Kerzen. So konnten die Kinder sehen, wie viele Tage es noch bis Weihnachten waren.

Heute besteht unser Adventskranz meistens aus Tannenzweigen und hat nur noch die vier dicken roten Kerzen für die Sonntage, aber immer noch zünden wir sie an und sehen, wie viele Sonntage es noch bis Weihnachten sind.«

»Das muss toll ausgesehen haben, wenn am dunklen Morgen die Kerzen angezündet worden sind«, meinte Jessi.

»Das war ja wie ein Adventskalender«, überlegte Kalle. »An dem kann man auch sehen, wie viele Tage es noch bis Weihnachten sind. Aber in meinem ist Schokolade.«

»Da scheinst du ja heute morgen schon viel Schokolade gegessen zu haben«, sagte der Vater. »Du hast dein Brötchen noch nicht einmal bis zur Hälfte aufgegessen.«

»Mmm, Mutti hat so schön erzählt«, sagte Kalle und biss in das Brötchen. Was er allerdings danach sagte, konnte keiner mehr verstehen.

OLE VANHOEFER

Wir sagen euch an den lieben Advent

1. Wir sagen euch an den lieben Advent.
   Wir sagen euch an eine heilige Zeit.
   Sehet, die erste Kerze brennt!
   Machet dem Herrn die Wege bereit.
   Freut euch, ihr Christen, freuet euch sehr!
   Schon ist nahe der Herr.

2. Wir sagen euch an den lieben Advent.
   Sehet, die zweite Kerze brennt!
   So nehmet euch eins um das andere an,
   wie euch der Herr an uns getan.
   Freut euch ihr Christen …

3. Wir sagen euch an den lieben Advent.
   Sehet, die dritte Kerze brennt!
   Nun tragt eurer Güte hellen Schein
   weit in die dunkle Welt hinein.
   Freut euch ihr Christen …

4. Wir sagen euch an den lieben Advent.
   Sehet, die vierte Kerze brennt.
   Gott selber wird kommen. Er zögert nicht.
   Auf, auf ihr Herzen und werdet licht!
   Freut euch ihr Christen …

TEXT: MARIA FERSCHL / MELODIE: HEINRICH ROHR
© CHRISTOPHORUS VERLAG

Wir basteln einen Adventskranz

➡ **Was wir brauchen:**

◎ Zweige von Tannen, Fichten, Kiefern und/oder Buchsbaum

◎ Gartenschere oder kräftige Haushaltsschere zum Schneiden der Zweige

◎ Zeitungspapier

◎ Blumendraht (ca. 2 m, am besten in dunkler Farbe)

◎ 4 Kerzen

◎ Kerzenhalter

◎ Bänder, Sterne, Tannenzapfen, Figuren, Bucheckern etc.

➡ **Wie es geht:**

Einen Adventskranz selbst zu basteln, ist gar nicht so schwer. Die meisten Werkstoffe gibt es ohnehin im Haushalt – und die Zweige von Nadelbäumen lassen sich bei einem Sonntagsspaziergang im Wald leicht finden.

Das Zeitungspapier wird in Lagen von drei bis vier Bögen zusammengerollt und zu einem Kranz geformt. Nach und nach wird dieser Kranz mit Blumendraht umwickelt, bis am Ende ein Ring entstanden ist. An diesen Ring werden nun kleine Äste und Büschel der Nadelbaumzweige angelegt und mit Draht befestigt. Man beginnt an einer Seite und arbeitet sich nach und nach um den ganzen Ring herum. Nun ist schon der »Körper« des Adventskranz entstanden. Der grüne Ring duftet nach Tannennadeln, und man kann sich an das Dekorieren machen. Am besten werden zuerst die Kerzen verteilt: Diese werden befestigt, indem sie mit den Kerzenhaltern in den Papierring gestochen werden. Dann können Bänder, Tannenzapfen, Strohsterne, Figuren zum Einsatz kommen. Erlaubt ist alles, was den Adventskranz schmückt. Wichtig beim Dekorieren ist, dass man einen Sicherheitsabstand zu den Kerzen einhält – die Kerzen sollen sicher brennen können und nicht den ganzen Kranz entzünden. Im Laufe des Advents wird der Kranz sicher die eine oder andere Nadel verlieren; praktisch ist es deshalb, den Kranz auf einen großen Teller zu stellen. Und nicht vergessen: Beim Entzünden jeder neuen Kerze eine weitere Strophe von »Wir sagen euch an den lieben Advent« singen.

Licht im Dunkeln, Düfte in der Küche

Im Advent schlagen die Herzen der großen und kleinen Weihnachtsbäcker höher: Das Nudelholz wird hervorgeholt, Plätzchenformen werden bereitgelegt und jeder freut sich auf das gemeinsame Backen. Wie in alten Zeiten. Das älteste Weihnachtsgebäck ist vermutlich der Honigkuchen, da der Honig, ein Nebenprodukt der umfangreichen Wachsproduktion, bis ins Mittelalter das einzige Süßungsmittel war. Kleine Honigfladen hat man sogar schon um das Jahr 350 n. Chr. hergestellt.

Im Hochmittelalter begann der Gewürzhandel mit dem Morgenland. In erster Linie kaufte man den besonders teuren Pfeffer, daneben aber auch zahlreiche andere Gewürze, die, aufgrund ihres hohen Preises, ebenfalls als Pfeffer bezeichnet wurden. Wir kennen ja auch heute noch für besonders teure Dinge den Ausdruck: gepfefferte Preise. Mit diesen vielen Gewürzen wurde den Honigkuchen ihr besonderer Geschmack verliehen – die in manchen Regionen Deutschlands immer noch Pfefferkuchen heißen. In Westdeutschland und Süddeutschland hat sich für das gleiche Gebäck häufig die Bezeichnung Lebkuchen durchgesetzt, in Norddeutschland spricht man oft auch von Braunen Kuchen.

Woher der Begriff »leb« kommt, ist nicht eindeutig geklärt. Möglich, dass das Wort »leb« aus dem Althochdeutschen kommt und so viel heißt wie »Heil- oder Arzneimittel«. Früher hat man in den Klostergärten Heilkräuter angepflanzt. Aber anstatt aus deren Blüten oder Saft nur Medikamente in Form von Tropfen oder Tabletten anzufertigen, hat man solche Gewürze vereinzelt auch dem Honigkuchenteig beigemischt. Zu Weihnachten hat man natürlich nur die Kräuter ausgesucht, die am besten schmecken. Die hat man dann zu einer Art Heilgebäck, eben »Lebkuchen«, verarbeitet, als Arznei für die Kranken. Solches »Heilbrot«, das auf den »Heiland« Jesus Christus hinwies, wurde von Nonnen und Mönchen zu Beginn des 9. Jahrhunderts in klösterlichen Apotheken sogar als Medizin verkauft.

Rezept: Honigkuchen

⊟ Zutaten für den Teig:

500 g Honig, 70 g Zucker, 1 Päckchen Vanillezucker, 100 g Butter, 2 EL Milch, 2 Eier, 1 Prise Salz, 2 EL Lebkuchengewürz, 1 TL Zimt, 1 TL Kakao, 200 g gemahlene Mandeln, 350 g Mehl, 1 Päckchen Backpulver, 100 g gehackte Mandeln. Wer mag, kann zur Geschmacksverfeinerung auch noch je 100 g fein gehacktes Orangeat und Zitronat dazugeben.

⊟ Zutaten für den Guss:

50 g Puderzucker, 2 EL Wasser

⊟ Zubereitung:

Den Backofen auf 175 Grad vorheizen. Den Honig mit dem Zucker, dem Vanillezucker, der Butter und der Milch erwärmen. Abkühlen lassen. Dann die restlichen Zutaten zugeben und zu einem Teig verkneten. Ein Backblech sorgfältig mit Backpapier auslegen und den Teig darauf verstreichen. Im Backofen ca. 30 Minuten backen lassen. Kurz bevor der Kuchen aus dem Ofen genommen wird, den Puderzucker mit Wasser verrühren und den noch warmen Kuchen damit bestreichen.

Alternativ zum Zuckerguss kann man auch im Wasserbad geschmolzene Kuvertüre nehmen.

Die Legende von den ersten Honigküchlein

Als die Hirten den Stern von Betlehem gesehen und die Botschaft der Engel gehört hatten, brachen sie unvermittelt auf, um das Wunder im Stall zu sehen. Dabei hatten sie völlig vergessen, dass sie Brot im Ofen hatten. Als sie zurückkehrten, fürchteten sie, dass das Brot völlig verkohlt sei. Aber das Gegenteil war der Fall. Sie öffneten den Ofen – und zu ihrer Überraschung strömte ihnen ein herrlicher Duft entgegen. Sie probierten das dunkle Brot, das keinesfalls verbrannt war, im Gegenteil: Es war von einer ungeahnten Süße und Würze. Sie kosteten es und gaben davon auch ihren zahlreichen Freunden und Verwandten. Damit jeder ein Stück bekommen konnte, brachen sie es in viele kleine Stücke. Zur Erinnerung an dieses Wunder haben sie dann jedes Jahr zu Weihnachten solche kleinen, leckeren Honigkuchen gebacken, äußerlich dunkel wie das Ereignis im Stall von Betlehem, aber von nie gekannter Süße und dem köstlichsten Aroma.

4 Dezember

Leben blüht neu auf: die heilige Barbara

Am Ende des 3. Jahrhunderts, also vor sehr, sehr langer Zeit, lebte in Kleinasien ein reicher Kaufmann namens Dioscuros mit seiner Tochter. Sie war sein Ein und Alles; er liebte sie von ganzem Herzen. Da sie so schön und klug war, gab es viele Männer, die sie heiraten wollten. Barbara aber wies alle Verehrer zurück. Sie hatte eine Gruppe junger Christen kennengelernt, die sie vom Glauben an Jesus überzeugten. Sie spürte: Hier fand sie, wonach sie immer gesucht hatte: ihr Leben in froher Zuversicht zu führen und für jeden Menschen da zu sein, der ihre Zuwendung und Hilfe brauchen würde. Das war ihr wichtiger, als eine Ehe einzugehen und eine Familie zu gründen.

Ihrem Vater gefiel das gar nicht. Als er auf eine größere Handelsreise gehen musste, sperrte er sie in einen Turm ein, um weitere Treffen mit den Christen zu verhindern. Aber auch das half nichts. Es gelang ihr sogar, sich heimlich taufen zu lassen.

Ihr Vater war darüber derart empört, dass er sie verhaften ließ, weil er hoffte, dass sie ihren neuen Glauben dann aufgeben würde. Auf dem Weg zum Gefängnis blieb Barbara mit ihrem Kleid an einem Zweig hängen. Sie stellte den abgebrochenen Zweig in ein Gefäß mit Wasser – und er blühte genau an dem Tag auf, an dem sie zum Tode verurteilt wurde. Viele sahen das als Zeichen, dass das Leben letztlich über den Tod siegt. Das ist der Grund, aus dem am 4. Dezember Zweige für die Vase geschnitten werden.

Barbarazweige

Mit der Gartenschere werden Zweige von Kirschbäumen oder anderen Obstbäumen, gelegentlich auch von Forsythien oder Kastanien, schräg abgeschnitten, so dass die Schnittstellen viel Wasser aufnehmen können. Über Nacht werden die Zweige in warmes Wasser gelegt. Damit sie bis Weihnachten auch aufblühen, brauchen sie einen sonnigen Platz – vielleicht auf der Fensterbank – und regelmäßig frisches Wasser.

Tipp:
Blühwettbewerb – jedes Familienmitglied schneidet seinen Zweig
selbst (den Kleinen wird von den
Eltern geholfen) und bindet einen
Zettel mit seinem Namen an einen
Zweig. Nun kann man jeden Tag
nachschauen, wessen Zweig als
erster aufblüht.

Leben wächst dir wieder neu zu

Verloren die Träume,
verkrümmt die Sehnsucht,
erstorben die Hoffnung
und tot der Glaube,
dass sich irgendwann
noch einmal
ein Sinn entdecken lässt.

Und dennoch
blühen auch an
abgeschnittenen Zweigen
wieder frische Knospen auf,
erwacht die Zuversicht
zu neuem Leben
und wächst dir langsam
wieder Freude zu
von Tag zu Tag.

CHRISTA SPILLING-NÖKER

Wenn der Nikolaus kommt

6 Dezember

Am Abend vor dem 6. Dezember stellen viele Kinder ihre Schuhe vor die Tür in der Hoffnung, dass der Nikolaus nachts heimlich einige gute Gaben hineinlegt. Dieser Brauch geht auf den heiligen Nikolaus zurück, der in der ersten Hälfte des 4. Jahrhunderts Bischof im kleinen Städtchen Myra war, das heute zur Türkei gehört. Nikolaus war sehr bekannt für seine guten Taten.

Im Mittelalter begann man, sich an Klosterschulen intensiv mit dem heiligen Nikolaus zu befassen. Man wählte dort nach festen Regeln einen Kinderbischof, der bis zum 28. Dezember, dem Gedenktag der von Herodes ermordeten »Unschuldigen Kindlein«, im Amt war. Er verkleidete sich am Nikolaustag als Bischof und durfte sowohl die Mönche als auch seine Mitschüler befragen, ihr Benehmen im vergangenen Jahr rügen, andererseits aber auch loben und mit Süßigkeiten belohnen.

Aus diesem Brauchtum hat sich die bis heute gängige Sitte entwickelt, dass sich eine Person aus dem Umfeld der Familien am Vorabend des 6. Dezember mit einem Bischofsornat als Nikolaus verkleidet. Früher wurden den Kindern Fragen nach dem christlichen Glauben gestellt; als Belohnung winkten Süßigkeiten. Oft wurde der Nikolaus von Schreckgestalten begleitet, die jene Kinder bestraften, die faul oder ungezogen gewesen waren. Diese ursprünglich teuflischen, nunmehr aber gezähmten Figuren werden – bis heute – je nach Region u. a. Krampus, Knecht Ruprecht, Klausmänneken oder Buzebercht genannt. Oft sind die beiden Figuren Nikolaus und Knecht Ruprecht aber auch zu einer verschmolzen, wie es in dem bekannten Gedicht »Knecht Rupprecht« von Theodor Storm zum Ausdruck kommt.

Martin Luther hat das katholische Brauchtum zum Gedenken des heiligen Nikolaus von Myra um 1535 offiziell abgeschafft und stattdessen die Sitte eingeführt, dass der »Heilige Christ« bzw. das »Christkind« die evangelischen Kinder zu Weihnachten beschenkt. Wer genau darunter zu verstehen war oder ist, hat sich nie geklärt, da das Christkind meistens als Mädchengestalt in weißen Kleidern erschien. Die Sitte der weihnachtlichen Bescherung der Kinder verbreitete sich, von den evangelischen Landstrichen ausgehend, im Laufe der Jahrhunderte über ganz Europa, konnte aber den traditionellen Nikolaustag nicht ersetzen.

Was die Legenden über den heiligen Nikolaus erzählen

Die drei Töchter

Es war einmal ein armer Mann, der hatte drei Töchter. Doch ihm fehlte das nötige Geld, um sie verheiraten zu können. Er wusste weder aus noch ein und fürchtete, er müsse seine Töchter auf die Straße schicken, damit sie das notwendige Geld für Essen und Trinken beschafften. Nikolaus erfuhr davon und beschloss, der Familie zu helfen. Um als Wohltäter unerkannt zu bleiben, stieg er heimlich bei Nacht auf das Dach des Hauses und warf durch den Kamin drei Goldklumpen hinunter. Was war das für eine Freude bei dem Vater und den Töchtern über dieses Geschenk, das gewissermaßen direkt vom Himmel gefallen war. Nun hatte die Not für die Familie ein Ende gefunden.

Das Wunder von Myra

In Myra herrschte eine große Hungersnot, unter der die Menschen sehr litten. Eines Tages legte ein Schiff im Hafen an, das bis zum Rand mit kostbarem Weizen beladen war. Als Nikolaus davon hörte, lief er sofort zum Hafen und bat den Kapitän, ihm hundert Säcke von dem Getreide zu geben, damit die Menschen Brot backen und Korn für eine neue Ernte säen konnten. »So helft doch, ihr könnt Leben retten«, rief er verzweifelt aus.

Der Kapitän aber wies diese Bitte strikt zurück. Das Korn käme aus Alexandrien und sei für den Kaiser bestimmt, es sei genau abgemessen worden und wenn etwas fehle, müsse er seinen Kopf dafür hinhalten.

Nikolaus aber antwortete: »Gebt mir die hundert Sack Getreide, und ich verspreche euch im Namen Gottes, dass euch bei der Ankunft kein Gramm fehlen wird.« Der Kapitän ließ sich durch diese Worte schließlich breitschlagen und befahl den Matrosen, hundert Sack abzuladen. Nikolaus dankte ihnen dafür von ganzem Herzen. Als das Schiff nach langer Fahrt in Rom anlegte, wurde das Getreide natürlich von den kaiserlichen Aufsehern gewogen und abgemessen. Und tatsächlich: es fehlte nicht die geringste Menge an Korn.

Der Kapitän und seine Besatzung waren schwer erstaunt und erzählten überall von dem Erlebnis mit dem Bischof Nikolaus und dem Wunder, das geschehen war.

Knecht Rupprecht

Von drauß' vom Walde komm ich her;
Ich muss euch sagen, es weihnachtet sehr!
Allüberall auf den Tannenspitzen
Sah ich goldene Lichtlein sitzen;
Und droben aus dem Himmelstor
Sah mit großen Augen das Christkind
hervor,
Und wie ich so strolcht durch den finstern
Tann,
Da rief's mich mit heller Stimme an.

»Knecht Rupprecht« rief es, »alter Gesell,
Hebe die Beine und spute dich schnell!
Die Kerzen fangen zu brennen an,
Das Himmelstor ist aufgetan,
Alt und Junge sollen nun
Von der Jagd des Lebens einmal ruhn;
Und morgen flieg ich hinab zur Erden,
Denn es soll wieder Weihnachten werden!«

Ich sprach: »O lieber Herre Christ,
Meine Reise fast zu Ende ist;
Ich soll nur noch in diese Stadt,
Wo's eitel gute Kinder hat.«
– »Hast denn das Säcklein auch bei dir?«
Ich sprach: »Das Säcklein, das ist hier;
Denn Äpfel, Nuss und Mandelkern
Essen fromme Kinder gern.«
– »Hast denn die Rute auch bei dir?«
Ich sprach: »Die Rute, die ist hier;
Doch für die Kinder nur, die schlechten,
Die trifft sie auf den Teil, den rechten.«
Christkindlein sprach: »So ist es recht;
So geh mit Gott, mein treuer Knecht!«

Von drauß' vom Walde komm ich her;
Ich muss euch sagen, es weihnachtet sehr!
Nun sprecht, wie ich's hierinnen find!
Sind's gute Kind, sind's böse Kind?

THEODOR STORM

Bratäpfel mit Vanillesoße

➜ Zutaten:

Für die Soße: 175 ml Milch, 200 ml Sahne, 80 g Zucker, 6 Eigelb, 1 Vanilleschote.
Für die Bratäpfel: 4 große Äpfel (Boskoop), 80 g Marzipan-Rohmasse, 40 g Rosinen,
40 g gemahlene Mandeln, 2 Eigelb, 1 EL gehackte Mandeln, 1 TL Zimt. Butter zum
Einfetten der Auflaufform

➜ Zubereitung:

Die Milch mit der Sahne, dem Zucker und dem aus der Schote gekratzten Vanillemark
sowie der Vanilleschote unter Rühren aufkochen lassen. Die Eigelbe in einer Schüssel gut
verquirlen. Von der heißen Milch-Sahne-Mischung ca. 1/3 abschöpfen und mit den Eigel-
ben gut verquirlen. Die Eigelbmasse zu der restlichen Milchmischung geben und unter
ständigem Rühren erhitzen, bis sie sämig wird. Die Soße dann sofort vom Herd nehmen,
abkühlen lassen und die Vanilleschote herausnehmen. Die Soße vor dem Servieren mit dem
Stabmixer schaumig aufschlagen. Den Backofen auf 200 Grad vorheizen.
Für die Füllung Marzipan, Rosinen, gemahlene und gehackte Mandeln, Zimt und Eigelb verkneten. Die Äpfel mit einem Apfelausstecher entkernen und die Füllung in die Äpfel geben.
Die Äpfel in eine gefettete Auflaufform setzen und im Ofen 25 Minuten backen.
Ganz lecker schmeckt dazu ein Kinderpunsch, zum Beispiel aus rotem Traubensaft, Oran-
gensaft, Zucker und Glühweingewürz.

Der Bratapfel

Kinder, kommt und ratet,
was im Ofen bratet!
Hört, wie's knallt und zischt.
Bald wird er aufgetischt,
der Zipfel, der Zapfel,
der Kipfel, der Kapfel,
der gelbrote Apfel.

Kinder, lauft schneller,
holt einen Teller,
holt eine Gabel!
Sperrt auf den Schnabel
für den Zipfel, den Zapfel,
den Kipfel, den Kapfel,
den goldbraunen Apfel!

Sie pusten und prusten,
sie gucken und schlucken,
sie schnalzen und schmecken,
sie lecken und schlecken
den Zipfel, den Zapfel,
den Kipfel, den Kapfel,
den knusprigen Apfel.

FRITZ UND EMILY KOEGEL

Ein Abend bei Kerzenschein: die heilige Lucia

13 Dezember

In der Adventszeit geht es oft hektisch zu. Weihnachtsplätzchen wollen gebacken, Geschenke besorgt und eingewickelt, Briefe geschrieben und Päckchen gepackt werden. Da sollte man sich in der Familie dann und wann einen ruhigen und besinnlichen Abend schenken. Der Luciatag lädt geradewegs dazu ein, Kerzen anzuzünden und sich dem Träumen zu überlassen. Wer aber war die heilige Lucia, deren Namen aus dem Lateinischen übersetzt »die Leuchtende« bedeutet?

Lucia bringt Licht ins Dunkel

Lucia wurde im 3. Jahrhundert in der Stadt Syrakus auf Sizilien geboren. Sie entstammte einer vornehmen Familie, so dass es verständlich ist, dass ihre Mutter sie mit einem angesehenen jungen Mann verheiraten wollte. Lucia aber hatte andere Pläne für ihr Leben. Sie ließ sich taufen und gelobte, dem weltlichen Leben zu entsagen und Nonne zu werden. Das war allerdings nicht ungefährlich, denn damals wurden Christen verfolgt und getötet.

Lucia aber verspürte aus der Kraft ihres Glaubens heraus keine Angst. Heimlich brachte sie Nahrungsmittel in die Katakomben, die unterirdischen Gänge, in denen sich Christen aus Angst vor Verfolgung versteckt hielten. Um beide Hände zum Tragen frei zu haben, setzte sie sich, um den richtigen Weg in den dunklen Grabkammern zu finden, eine Krone mit brennenden Kerzen auf den Kopf. Lange Zeit hoffte Lucias heidnischer Bräutigam noch auf eine Umbesinnung der Auserwählten, doch er musste schließlich erkennen, dass sie ihn nicht heiraten würde. Gekränkt und enttäuscht zeigte er sie an, so dass sie zum Tode verurteilt wurde. Lucia aber blieb auch unter der Folter ihrem Gelöbnis treu, dass nur Jesus Christus ihr wahrer Bräutigam sei.

Man spannte sie gefesselt vor einen Ochsenkarren, um sie durch die Stadt zu fahren. Doch keiner der Ochsen war in der Lage, den Karren zu bewegen. Daraufhin hat man sie mit heißem Öl übergossen. Doch sie blieb unversehrt. Schließlich hat man sie mit dem Schwert getötet.

Da man bis ins 16. Jahrhundert glaubte, dass die Nacht vom 12. auf den 13. Dezember die längste Nacht des Jahres sei, legte man den Luciatag, den Tag des wieder heller werdenden Jahres, also den Tag des Lichts, auf den 13. Dezember. Wie der Luciabrauch von Sizilien nach Skandinavien gelangen konnte, ist ungewiss. Aber gerade in Schweden wird der Luciatag auf besondere Weise gefeiert.

Luciabrötchen

➜ Zutaten für 18 Luciabrötchen:
150 g Butter, 3 Päckchen Safran (0,3 g), 1/2 l Milch, 130 g Zucker, 50 g Hefe, 1 TL Salz, 850 g Weizenmehl, 1 Tasse Rosinen, 1 Tasse gehackte Mandeln, 2 Eigelb und 2 EL Milch zum Bepinseln

➜ Zubereitung:
Die Butter langsam zerlassen und die Milch leicht erwärmen. In zwei Esslöffeln der erwärmten Milch den Safran auflösen und eine Prise Zucker hinzugeben. Die Hefe in eine Schüssel bröckeln und unter Rühren die erwärmte Milch hinzugeben, bis die Hefe gelöst ist. Dann die zerlassene Butter sowie die Safranlösung, den Zucker und das Salz unterrühren. Zum Schluss das gesiebte Mehl zugeben und den Großteil der Mandeln und Rosinen einarbeiten. Den Teig gut durchkneten, bis er Blasen wirft und sich vom Schüsselrand löst (mit den Knethaken der Küchenmaschine ca. 8 Minuten). Den Teig ca. 1 Stunde an einem warmen Ort zugedeckt gehen lassen und dann erneut gut durchkneten. Den Backofen auf 230 Grad vorheizen.
Nun lange Stränge von ca. 2 cm Durchmesser rollen und nach etwa 25 cm abschneiden. Die Stücke zu einem S formen und in die Mulden die restlichen Rosinen und gehackten Mandeln drücken. Die Eigelbe mit der Milch verrühren und die Luciabrötchen damit bepinseln, auf ein mit Backpapier ausgelegtes Backblech legen und 7 bis 10 Minuten auf der mittleren Schiene des Ofens backen. Auf dem Backblech abkühlen lassen.

Sich dann und wann
eine Kerze anzünden
und sich anstecken lassen
vom tröstlichen Schein
der zaghaften Flamme,
damit das verwundete Herz
endlich zur Ruhe kommt
und der Zuversicht
wieder Einlass gewährt.

CHRISTA SPILLING-NÖKER

Mache dich auf und werde Licht

TEXT: JESAJA 60,1 / MELODIE: KOMMUNITÄT GNADENTHAL © PRÄSENZ-VERLAG, GNADENTHAL

Vom Wünschen und Schenken

Die Advents- und Weihnachtszeit ist die Zeit des Wünschens und Schenkens. Der Grund dafür liegt darin, dass uns zu Weihnachten mit Jesus Christus eine neue Hoffnung auf ein friedliches, gelingendes, von Liebe durchdrungenes Leben geschenkt worden ist, so dass unser Durst auf ein erfülltes Leben gestillt wird. Das Wort »schenken« bedeutet ja seinem ursprünglichen Sinn nach, einem anderen etwas zu trinken zu geben, wie es uns noch vom Begriff: jemandem »einschenken« vertraut ist.

Diese göttliche Liebe, diese Sättigung unserer tiefsten Sehnsüchte, wollen wir nun weitergeben – mit freundlichen Worten, herzlichen Gesten und eben auch mit Geschenken, die dem anderen sagen: Ich mag dich, ich habe dich gern, du bist mir so wichtig, dass ich dir gern eine Freude machen möchte. Vielleicht lohnt es sich ja, sich in den Adventswochen – rechtzeitig – einmal neu Gedanken über den Sinn des Schenkens zu machen, um dadurch zu einer wirklich liebevollen Auswahl oder Gestaltung der weihnachtlichen Gaben zu finden.

Kinder schreiben und gestalten ihren Wunschzettel

Die Sitte, Wunschzettel in der jetzigen Form zu schreiben, gibt es seit etwa 200 Jahren. Ursprünglich schrieben die Kinder darauf gute Wünsche für ihre Eltern, vor allem für Gesundheit und Glück. Erst seit Beginn des 19. Jahrhunderts kam im Bürgertum der Brauch auf, eigene Wünsche zu notieren, deren Erfüllung die Kinder sich durch braves Benehmen und gute schulische Leistungen verdient zu haben glaubten.

Wenn die Kinder heutzutage ihren Wunschzettel an den Weihnachtsmann oder das Christkind verfassen, kann dieser mit der Hand geschrieben und besonders schön gestaltet werden. Denn für jemand ganz Besonderen gibt man sich ja auch im Alltag Mühe, einen geschmückten Briefbogen oder eine ansprechende Karte zu wählen.

Zum Beispiel kann der Papierbogen mit einem ca. 2 bis 3 cm breiten Rand versehen werden, der von den Kindern mit Weihnachtssymbolen wie Kerzen, Tannenzweigen oder Sternen bemalt oder anderweitig gestaltet wird.

Wunschzettel für Erwachsene

Ich wünsche mir:
- mehr Zeit für mich selbst
- weniger Pflichtgefühl
- mehr Spaß als »Ernst des Lebens«
- öfter mal zu lachen
- meinen Humor nicht zu verlieren
- keine Angst mehr davor haben zu müssen, nicht genügen zu können
- die Fähigkeit, den Augenblick genießen zu können, statt immer planen zu müssen
- das Gefühl, nichts Wesentliches zu versäumen
- mich nicht mehr mit anderen messen zu müssen
- Zufriedenheit
- meine mir ins Herz geschriebene Lebensaufgabe entdecken und gestalten zu können
- Freundinnen und Freunde, die mich verstehen, die mich akzeptieren, mit allen meinen schwachen Seiten und die dennoch – oder gerade deswegen – zu mir halten
- liebesfähig zu sein und zu bleiben
- selbst geliebt zu werden
- mein Vertrauen und meine Hoffnung nicht zu verlieren, was auch immer geschieht
- mit meinen Möglichkeiten etwas zu Frieden und Gerechtigkeit auf der Welt beitragen zu können
- mich mit den Menschen versöhnen zu dürfen, mit denen ich im Streit auseinandergegangen bin
- Vergebung zu erfahren von den Menschen, denen ich wehgetan habe
- am Ende meines Lebens »Ja« sagen zu können zu dem, wie ich gelebt habe und was dadurch geworden ist

CHRISTA SPILLING-NÖKER

Geschenke, die von Herzen kommen

➥ Manch schönes Geschenk lässt sich auch selbst anfertigen. Man merkt ihm an, dass es von Herzen kommt. Einige Ideen dazu: Geschenke aus der Küche wie zum Beispiel Marmelade, Chutney, Pesto, Gebäck; oder Bastelarbeiten wie Weihnachtssterne, ein selbst gestalteter Fotokalender (z.B. für die Großeltern, mit Fotos von Kindern und Enkeln), Grußkarten mit eigenen Fotos oder selbst gemalten Motiven (z.B. Blumen), eine CD, die man selbst mit ausgesuchten Geschichten, Gedichten und Musik bespricht und bespielt oder ein selbst gestaltetes Gutscheinheft.

Die erste Weihnachtskarte

Die erste Weihnachtskarte erschien 1843 in England. Der junge Staatsbeamte und Lithograph Henry Cole kam eines Tages auf die Idee, tausend Karten mit den Worten *Merry Christmas and a Happy New Year to you* drucken zu lassen. Diese Karte hatte die Gestalt eines mittelalterlichen Triptychons. In der Mitte war eine fröhliche Gesellschaft beim Essen und Trinken abgebildet, auf den Seitenbildern die biblischen Motive von der Kleidung der Nackten und der Speisung der Hungrigen. Die Weihnachtskarten setzten sich, mit immer wieder neuen Motiven, in Großbritannien schnell durch und sind auch bei uns heute nicht mehr wegzudenken.

 ### Weihnachtskarten gestalten

▶ Fotokarton oder fertige Doppelkarten aus weißem oder farbigem Karton oder Wellpappe, farbigen Karton oder Wellpappe, Schere, Klebstoff, evtl. kleine Anhänger, die auf der Karte befestigt werden können wie: Weihnachtsmänner, Strohsterne oder Sterne aus Papier oder Pappe, Schneemänner, Engel, Glocken ...

Der Fantasie in der Gestaltung sind hier keine Grenzen gesetzt.

Weihnachten – vom Wunder der Heiligen Nacht

Unser heutiges Wort Weihnachten leitet sich her von dem mittelhochdeutschen »zu den wyhe nahten«, den geweihten, also heiligen Nächten. In der Heiligen Nacht feiern wir die Geburt Jesu Christi.

Zu unserem Weihnachtsfest gehört natürlich ein geschmückter Tannenbaum. Ob der allerdings schon immer so aussah wie heute? Seit der Zeit der Germanen wohnten dem Volksglauben nach in Bäumen gute Geister. Deshalb hat man als Schutz vor Dämonen, Hexen, Blitz und Donner daheim Tannenzweige angebracht. Dieselbe Funktion hatten im Mittelalter auch Tannenbäume, die sogenannten Weihnachtsmeyen, die allerdings erst einmal, vielleicht aus Platzgründen, mit der Spitze nach unten an der Decke aufgehängt wurden.

Dieser heidnische Brauch wurde von den Christen übernommen und mit eigenen Glaubensinhalten neu gefüllt. Das dauerhafte Grün der Tannen »nicht nur zur Sommerzeit« symbolisiert Unsterblichkeit, im Sinne des christlichen Glaubens also die Auferstehungshoffnung.

Die Vorläufer unserer heutigen Weihnachtsbäume – jetzt auch mit der Spitze nach oben – finden sich bereits in vorreformatorischer Zeit, zuerst vornehmlich in Vereinen, Zünften und Herrengesellschaften. Hier wurden zu Weihnachten immergrüne Bäume mit Äpfeln, Birnen, Nüssen, Lebkuchen, Buntpapier und Flittergold geschmückt, die bei Umzügen vorangetragen wurden und anschließend den Mittelpunkt für Tanz und Zechgelage bildeten. Das Abschütteln der Esswaren zur »weyhe nacht« sollte auf magische Weise eine reiche Obsternte im Sommer bewirken. Oftmals wurden den Armen oder Kindern Früchte, Gebäck und Nüsse überlassen, die dabei vom Baum fielen.

Anfang des 17. Jahrhunderts verbreitete sich die Sitte, die Tannenbäume mit Äpfeln und Hostien zu schmücken. Die Äpfel erinnerten an den Paradiesbaum, den Baum der

Versuchung; die Hostien hingegen daran, dass im Glauben an Jesus Christus der alte Adam in uns überwunden wird, wenn wir uns im Empfang der Eucharistie unsere Sünden vergeben lassen. Mit der religiösen Bedeutung dieses Schmuckes ist wohl der Ursprung zu unserem heutigen Weihnachtsbaum gelegt worden. Aus den Hostien sind im Laufe der Zeit Lebkuchen geworden, ursprünglich mit Motiven von Adam und Eva verziert, mit denen der Christbaum geschmückt wurde. Richtige Äpfel wurden später zu Holzäpfeln und diese mögen wiederum die Vorläufer unserer heutigen Weihnachtskugeln sein.

Zu Beginn des 18. Jahrhunderts rückte der Weihnachtsbaum zunehmend in den Mittelpunkt der Familienweihnachtsfeiern von Fürsten und Großgrundbesitzern. Hier wurde er, außer mit Spielzeug und Süßigkeiten, das erste Mal auch mit Kerzen aus echtem Wachs geschmückt. Mit wachsender Popularität hielt der Weihnachtsbaum auch bald Einzug in die Kirchen. Der mit Kerzen geschmückte Baum wurde jetzt als Sinnbild dafür verstanden, dass mit Jesus Christus das Licht in die Welt gekommen ist. Die Liebe, die Gott uns durch die Geburt seines Sohnes geschenkt hat, regte an, den Baum mit Geschenken zu behängen, als Ermutigung, sich auch untereinander in der christlichen Gemeinde Gutes zu tun.

Diese dann auch in den Familien praktizierte Sitte, die Geschenke an den Weihnachtsbaum zu hängen, änderte sich allerdings rasch, weil ein am Heiligen Abend geplünderter Baum, der noch bis zum Dreikönigstag stehen bleiben sollte, wenig dekorativ aussah. Von nun an legte man die Geschenke unter den Baum und begann, ihn mit Miniaturen der Geschenke und zunehmend mit allerlei Schmuck aus den unterschiedlichsten Materialien zu verzieren. In der Zeit des Nationalsozialismus hat man sich vereinzelt nicht gescheut, den Weihnachtsbaum auch mit Symbolen dieser Ideologie wie Hakenkreuzen, Sonnenrädern oder Runen zu behängen.

Durch deutsche Auswanderer kam der Weihnachtsbaum nach Amerika, wo er aus praktischen Gründen bald im Licht künstlicher Glühbirnen erstrahlte.

Auch bei uns machen elektrische Kerzen und Lichterketten heute möglich, dass der Weihnachtsbaum auf Plätzen, Weihnachtsmärkten, in unseren Vorgärten oder auch Wohnzimmern in den Weihnachtswochen dauerhaft leuchtet.

Weihnachtslicht

Mit dem Entzünden der Kerzen
am Weihnachtsbaum
leuchtet die Freude
am Christfest in uns hinein.
Möge uns das Herz aufgehen
in der Erwartung darauf,
dass das Geschenk der Liebe
sich in uns entfalten

und unsere Seele
mit Glück durchdringen will.
Wir dürfen darauf vertrauen,
dass wir von Tag zu Tag,
von Nacht zu Nacht,
von einem lichten Stern
begleitet werden.

CHRISTA SPILLING-NÖKER

Was die Bibel über die Geburt Jesu erzählt

In jenen Tagen erging ein Erlass des Kaisers Augustus, den ganzen Erdkreis (in Steuerlisten) einzutragen. Diese Aufzeichnung war die erste und geschah, als Quirinius Statthalter von Syrien war. Alle gingen hin, sich eintragen zu lassen, ein jeder in seine Stadt. Auch Josef zog von der Stadt Nazaret in Galiläa hinauf nach Judäa in die Stadt Davids, die Betlehem heißt. Denn er war aus dem Haus und Geschlecht Davids. Er wollte sich mit Maria eintragen lassen, seiner Verlobten, die schwanger war. Während sie dort waren, kam für Maria die Zeit ihrer Niederkunft, und sie gebar ihren Sohn, den Erstgeborenen, wickelte ihn in Windeln und legte ihn in eine Krippe, weil in der Herberge für sie kein Platz war.

In derselben Gegend waren Hirten auf dem Feld, die bei ihrer Herde Nachtwache hielten. Da trat der Engel des Herrn zu ihnen und die Herrlichkeit des Herrn umstrahlte sie und sie fürchteten sich sehr. Der Engel aber sagte zu ihnen: Fürchtet euch nicht! Denn ich verkünde euch eine große Freude, die dem ganzen Volk zuteil werden soll. Heute ist euch in der Stadt Davids der Retter geboren, nämlich der Messias, der Herr. Und dies soll euch das Zeichen sein: Ihr werdet ein Kind finden, in Windeln gewickelt und in einer Krippe liegend. Und plötzlich war bei dem Engel eine Menge himmlischer Heerscharen, die Gott lobten und sprachen: Herrlichkeit in den Höhen für Gott und auf der Erde Friede den Menschen seiner Huld! Als die Engel von ihnen in den Himmel gegangen waren, sagten die Hirten zueinander: Lasst uns nach Betlehem gehen und sehen, was geschehen ist und was der Herr uns kundgetan hat. Sie kamen eilends hin und fanden Maria und Josef und das Kind, das in der Krippe lag. Als sie es sahen, berichteten sie von dem Wort, das ihnen über dieses Kind gesagt worden war. Und alle, die es hörten, wunderten sich über das, was ihnen von den Hirten erzählt wurde. Maria aber bewahrte alle diese Worte und erwog sie in ihrem Herzen. Die Hirten kehrten zurück, priesen und lobten Gott für alles, was sie gehört und gesehen hatten, so wie es ihnen gesagt worden war.

LUKASEVANGELIUM 2,1–20

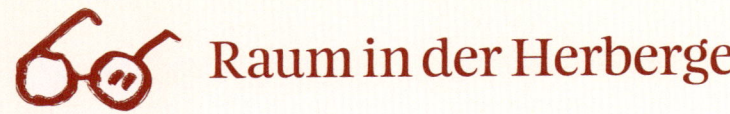

Raum in der Herberge

Es versammelte sich, wie gewohnt, die große Zuhörerschaft zu der alljährlichen Aufführung der Weihnachtsgeschichte mit Hirtenstäben und Krippe, Bärten, Kronen, Heiligenscheinen und einer ganzen Bühne voll heller Kinderstimmen. Es kam der Augenblick, wo Joseph auftrat und Maria behutsam vor die Herberge führte. Er pochte laut an die Holztür, die man in die gemalte Kulisse eingesetzt hatte. Walter, als Wirt, stand dahinter und wartete. »Was wollt ihr?«, fragte er barsch und stieß die Tür heftig auf.

»Wie suchen Unterkunft.«

»Sucht sie anderswo!« Walter blickte stur geradeaus, sprach aber mit kräftiger Stimme. »Die Herberge ist voll!«

»Wir haben überall vergeblich gefragt. Wir kommen von weither und sind sehr erschöpft.«

»In dieser Herberge gibt es keinen Platz für euch!« Walter blickte streng.

»Bitte, lieber Wirt, das hier ist meine Frau Maria. Sie ist schwanger und braucht einen Platz zum Ausruhen. Ihr habet doch sicher ein Eckchen für sie. Sie ist so müde.«

Jetzt lockerte der kleine Wirt zum ersten Mal seine starre Haltung und schaute auf Maria. Dann folgte eine lange Pause, so lange, dass es für die Zuhörer schon ein bischen peinlich wurde.

»Nein! Schert euch fort!«, wiederholte der Souffleur aus der Kulisse.

»Nein! Schert euch fort!«, wiederholte Walter automatisch. »Schert euch fort!«

Traurig legte Joseph den Arm um Maria, und Maria lehnte den Kopf an die Schulter ihres Mannes. So wollten sie ihren Weg fortsetzen. Aber der Wirt ging nicht wieder in seine Herberge zurück. Walter blieb auf der Schwelle stehen und blickte dem verlassenen Paar nach – mit offenem Mund, die Stirn sorgenvoll gefurcht, und man sah deutlich, dass ihm Tränen in die Augen traten.

Und plötzlich wurde dieses Krippenspiel anders als alle bisherigen.

»Bleib hier, Josef!«, rief Walter. »Bring Maria wieder her!«

Sein Gesicht verzog sich zu einem breiten Lächeln. »Ihr könnt mein Zimmer haben!«

LINA DONOHUE

Engel verkünden den Frieden

Engel sind Boten Gottes. Sicher sehen sie nicht so aus, wie wir sie von Abbildungen her kennen oder wie sie auf den Weihnachtsmärkten angeboten werden: als Gestalten aus Goldfolie mit Flügeln, schimmerndem Haar und einem Heiligenschein über dem Kopf. Wenn die Bibel von Engeln spricht, geht es immer um Erfahrungen, in denen Menschen so tief in ihrer Seele angerührt werden, dass sich ihr Leben grundlegend verändert und erneuert.

> Wir sind Engel mit nur einem Flügel.
> Um fliegen zu können, müssen wir uns umarmen
>
> LUCIANO DE CRESCENZO

Hört der Engel helle Lieder

1. Hört, der En - gel__ hel - le Lie - der klin - gen das wei - te__
   und die Ber - ge__ hal - len wi - der von des__ Him - mels__

Feld ent - lang, Glo - - - - - - - ri - a
Lob - ge - sang:

in ex - cel - sis De - o. Glo - - - - - - -

ri - a in ex - cel - sis De - - o.

2. Hirten sagt, was ist geschehen,
   was tun uns die Engel kund?
   Alles Leid könnt jetzt vergehen
   auf dem weiten Erdenrund.
   Refrain: Gloria ...

3. Denn ein Kindlein ist geboren,
   'kommen ist der Heiland dein.
   Er errettet, was verloren,
   Friede soll auf Erden sein.
   Refrain: Gloria ...

TEXT: OTTO ABEL / MELODIE: FRANKREICH 18. JAHRHUNDERT

Der Engel in der Schneekugel

Es war kurz vor Weihnachten, als ich, ungefähr fünf Jahre alt, die Masern bekam. Der Arzt verschrieb mir Medikamente und Wadenwickel gegen das hohe Fieber. Ich hasste diese nassen Tücher an meinen Beinen, die mich schlichtweg zur Unbeweglichkeit verurteilten. Meine Eltern setzten sich oft an mein Bett und lasen mir vor. Als meine Mutter wieder bei mir war, unterbrach ich sie an der spannendsten Stelle der Geschichte und fragte, ob ich denn zu Weihnachten wieder gesund sein würde. Sie machte ein besorgtes Gesicht und schüttelte nachdenklich den Kopf. Dann las sie die Geschichte zu Ende und meinte, ich solle nun schlafen. Aber ich hatte ihr gar nicht mehr zuhören können. In meinen kindlichen Ängsten und Fieberfantasien malte ich mir aus, wie ich dieses Weihnachtsfest mit Wadenwickeln im Bett verbringen würde. Der Tannenbaum wurde im Wohnzimmer geschmückt, die Eltern und Geschwister würden dort sitzen und Lieder singen und Marzipankartoffeln essen. Ich aber würde einsam und verlassen in meinem Kinderzimmer liegen und von all der Pracht, auf die ich mich schon seit Wochen gefreut hatte, nichts mitbekommen. Wahrscheinlich würde mich auch der Weihnachtsmann vergessen, wenn ich nicht im Wohnzimmer saß und mein sorgsam gelerntes Gedicht vor ihm aufsagen konnte.

Kaum hatte meine Mutter die Tür zugezogen, begann ich furchtbar zu weinen. Das Kopfkissen war schon ganz feucht, als ich mit einem Mal innehielt, meine Taschenlampe aus der Nachttischschublade kramte und, in der Hoffnung, dass meine Eltern nichts merken würden, auf dem Nachtschrank umherleuchtete. Ich entdeckte die Schneekugel schnell und steckte sie geschwind unter meine Bettdecke, wo auch die Taschenlampe verschwand. Meine Mutter hatte mir diese Schneekugel im Sommer von einer Geschäftsreise aus Tirol mitgebracht. In ihr stand ein goldener Engel mit ausgebreiteten Flügeln, den man, wenn man die Kugel drehte, im Schnee versinken lassen konnte. »Das ist nun dein Schutzengel, der wird immer gut auf dich aufpassen, damit dir nichts Schlimmes passiert«, hatte sie lächelnd gemeint, als sie mir die Kugel ans Bett gestellt hatte. Anfänglich war ich unermüdlich damit beschäftigt gewesen, den armen Engel im Schneegestöber verschwinden zu lassen, aber irgendwann war der Reiz des Neuen verflogen und ich schenkte ihm keine Beachtung mehr.

Jetzt aber war ich ganz aufgeregt. Vielleicht hatte er es mir übel genommen, dass ich ihn vernachlässigt hatte und deshalb keine Lust mehr gehabt, auf mich und meine Gesundheit aufzupassen. Ich hielt die Kugel mit beiden Händen fest umschlossen und entschuldigte mich aus tiefster Inbrunst meines Kinderherzens bei meinem Beschützer. Sicherheitshalber grub ich ihn wieder unter der Bettdecke hervor und schüttelte die Kugel heftig, damit der Engel auch wirklich spürte, dass ich ihn jetzt unbedingt brauchte.

Doch dann geschah das Entsetzliche: Die Kugel entglitt meinen schweißigen Händen, fiel auf den Boden und zerbrach. Jetzt gab es nichts mehr, was mich hätte trösten können. Die Tränen liefen nur so über mein heißes, fiebriges Gesicht, als ich plötzlich eine himmlische Stimme vernahm: »Warum weinst du Tobias?« Ich war wie gelähmt vor Schreck. Wer war da im Zimmer? Das war nicht die Stimme meiner Mutter. Ich riss die Augen weit auf und kam aus ❯

◉   dem Staunen nicht mehr heraus. Vor mir stand der goldene Engel aus der Glaskugel, aber er war zu nahezu menschlicher Größe herangewachsen. »Ich habe die Masern«, antwortete ich, »und deshalb fällt Weihnachten in diesem Jahr für mich aus.«

Wieder begannen die Tränen zu fließen. Mit einem Mal fühlte ich einen wohltuenden kühlen Windhauch über meinem Gesicht. Der Engel hatte mich mit einem seiner großen goldenen Flügel gestreichelt und dabei auch meine Tränen getrocknet. »Vertraue mir«, hörte ich wieder diese zarte Stimme, »ich bin doch dein Schutzengel.« »Aber ich habe dich vernachlässigt und dich nicht mehr mit Schnee bepudert«, begann ich erneut zu weinen. »Ein bisschen Ruhe hat mir ganz gut getan«, lächelte er. »Aber ich habe dich keinen Augenblick lang vergessen oder verlassen. Ein Schutzengel ist immer im Dienst«. »Und warum bin ich dann jetzt krank?«, fragte ich kläglich. »Schlaf jetzt, Tobias, morgen wird alles besser sein.« Mit diesen Worten verschwand er und ich versank in wohligen Träumen.

Als ich am anderen Morgen erwachte und die Mutter mir Kakao und frische Marmeladenbrötchen ans Bett brachte, verspürte ich das erste Mal seit einer Woche einen unbändigen Appetit. Ich verspeiste alles bis zum letzten Krümel. Dann wollte ich aufstehen, doch meine Mutter hielt mich zurück. »Du musst im Bett bleiben, du hast Fieber«, meinte sie. »Glaub' ich nicht«, erwiderte ich trotzig. Das Fieberthermometer gab mir recht. Ich war über Nacht wieder gesund geworden. Ein bisschen schwach war ich natürlich noch auf meinen kleinen Beinen und so legte ich mich sogar freiwillig zum Mittagsschlaf wieder ins Bett. Eines aber stand jetzt für mich fest: Übermorgen, am Heiligen Abend, würde ich mit der ganzen Familie im Wohnzimmer Weihnachten feiern, mit einem leuchtenden Tannenbaum, mit Marzipankartoffeln und Geschenken.

Was ich allerdings nie verstanden habe war, dass der Engel am Morgen meiner Genesung wieder in seiner Schneekugel stand, als wäre nichts gewesen in dieser wundersamen Nacht. Aber mein ganzes Leben lang hat mich nie wieder die Gewissheit verlassen, dass es Engel gibt, die uns gerade dann helfend und tröstend zur Seite stehen, wenn wir selbst mit unseren Kräften am Ende sind.

CHRISTA SPILLING-NÖKER

Stille Nacht

1. Stil - le Nacht, hei - li - ge Nacht! Al - les schläft,

ein - sam wacht nur das trau - te hoch - hei - li - ge Paar.

Hol - der Kna - be im lo - cki - gen Haar, schlaf in himm - li - scher

Ruh,_____ schlaf__ in himm - li - scher Ruh!_____

2. Stille Nacht, heilige Nacht!
   Gottes Sohn, o wie lacht
   Lieb aus deinem göttlichen Mund,
   da uns schlägt die rettende Stund,
   Christ, in deiner Geburt,
   Christ, in deiner Geburt.

3. Stille Nacht, Heilige Nacht!
   Hirten erst kundgemacht,
   durch der Engel Halleluja.
   Tönt es laut von fern und nah:
   Christ, der Retter ist da,
   Christ, der Retter ist da!

TEXT: JOSEPH MOHR / MELODIE: FRANZ XAVER GRUBER

Alle Jahre wieder

1. Al - le Jah - re wie - der kommt das_ Chris - tus - kind

auf die Er - de nie - der, _____ wo wir_ Men - schen sind.

2. Kehrt mit seinem Segen
   ein in jedes Haus,
   geht auf allen Wegen
   mit uns ein und aus.

3. Steht auch mir zur Seite
   still und unerkannt,
   dass es treu mich leite
   an der lieben Hand.

4. Sagt den Menschen allen,
   dass ein Vater ist,
   dem sie wohlgefallen,
   der sie nicht vergisst.

TEXT: WILHELM HEY / MELODIE: FRIEDRICH SILCHER

1. O du fröh-li-che, _ o du se-li-ge, _ gna-den - brin-gen-de
Weih - nachts - zeit! Welt ging ver - lo - ren, Christ ward ge -
bo - ren, freu - e, _ freu-e dich, o Chris - ten - heit!

2. O du fröhliche, o du selige,
gnadenbringende Weihnachtszeit!
Christ ist erschienen, uns zu versöhnen:
Freue, freue dich, o Christenheit!

3. O du fröhliche, o du selige,
gnadenbringende Weihnachtszeit!
Himmlische Heere jauchzen dir Ehre:
Freue, freue dich, o Christenheit!

TEXT: JOHANNES DANIEL FALK UND HEINRICH HOLZSCHUHER
MELODIE: NACH EINEM ITALIENISCHEN MARIENLIED

Wir basteln ein Weihnachtsmemory

▶ **Was wir brauchen:**
◉ 48 quadratisch geschnittene Karten aus Pappe (6 x 6 cm)
◉ Buntstifte oder Filzstifte in vielen Farben

▶ **Wie es geht:**
Die Pappkarten werden, immer paarweise, unter den Anwesenden aufgeteilt. Jede und jeder bekommt die Aufgabe, jeweils einen weihnachtlichen Begriff (z.B. Stern, Kugel, Schlitten, Tannenbaum, Nuss, Kringel, Engel, Adventskranz, Lebkuchen, Schneemann, Herz, Schiff, Weihnachtsmann, Krippe etc.) auf zwei Karten zu malen.

▶ **Ablauf des Spiels:**
Die bemalten Karten werden gemischt und, mit der Bildseite nach unten, auf dem Tisch verteilt. Der Reihe nach darf jedes Familienmitglied zwei Karten aufdecken. Gelingt es ihm, zwei Karten mit den gleichen Bildern zu finden, darf er diese behalten und ist noch einmal am Zug; sind es verschiedene, dreht er sie wieder um. Dann ist der nächste an der Reihe. Gewonnen hat, wer die meisten Kartenpaare gefunden hat.

Im Stall

Ruhe war eingekehrt im Stall von Betlehem. Das Jesuskind hatte sich müde geschrien, und auch Maria und Josef waren nach all den Strapazen auf dem Stroh eingenickt.

Der Stern strahlte hell an dem dunklen Himmel und verkündete mit seinem Leuchten, dass etwas Wunderbares geschehen war in dieser dunklen Nacht. Nur Ochs und Esel waren noch wach.

»Iah!«, sagte der Esel. Das sagte er immer, wenn ihm nichts Besseres einfiel.

»Sei doch still«, brummte der Ochse, »du weckst mit deinem ewigen ‚Iah!' ja noch das Kind auf.« »Ich bin hungrig«, sagte der Esel. »Was ist denn das für eine neue Mode, dass die Menschen jetzt schon ihre neugeborenen Kinder in unsere Futterkrippe legen. An uns Tiere denken sie überhaupt nicht mehr, Iah!«, wieherte er.

»Das ist doch nicht irgendein Kind«, erwiderte der Ochse, »das ist Gottes Sohn, der da in Windeln gewickelt in unserer Krippe liegt.«

»Was du wieder redest«, antwortete der Esel und schüttelte sich. Ihm war kalt, denn das beste Stroh diente Maria und Josef als Ruhestatt. »Woher willst du das denn wissen?«, fragte er dann aber doch neugierig. »Das haben die Engel doch vorhin gesungen, als sie auf dem Feld den Hirten erschienen sind.«

»Was sind denn das für Tiere, fressen die auch Heu?« Der Esel war mit einem Mal wieder hellwach. »Du bist aber wirklich ein Esel«, der Ochse war sichtlich ungehalten. »Engel erscheinen immer dann, wenn Gott den Menschen eine neue Hoffnung für ihr Leben schenkt.«

»Woher weißt du das denn?«, fragte der Esel ungeduldig.

»Das weiß doch jedes Rindvieh«, erwiderte der Ochse verächtlich. »Du bist und bleibst eben ein Esel.«

Dass er einige Jahre im Joch des Rabbiners Ibrahim gewesen war und da einiges von den Gesprächen zwischen Pharisäern und Schriftgelehrten aufgeschnappt hatte, verriet er nicht.

»Und was haben diese Enkel da vorhin gesungen?«, wollte der Esel wissen.

»Engel heißt das, nicht Enkel«, berichtigte der Ochse. »Was die gesungen haben? Hast du denn nicht zugehört? Deine Ohren sind doch eigentlich groß genug zum Lauschen. Sonst schnappst du damit doch immer gerade das auf, was du eigentlich gar nicht hören sollst.«

»Jetzt hör doch mal endlich mit deinem blasierten Gerede auf und sag schon, was diese Egel…« »Engel, kannst du dir denn das noch immer nicht merken?«

»Also gut, was diese Bengel den Hirten erzählt haben, dass die hier gleich alle angelaufen kamen und unser schönes weiches Stroh niedertrampeln mussten?«

»Also gut«, sagte der Ochse, denn er hatte eigentlich einen gutmütigen Charakter, »ich will es für dich alten Esel noch einmal wiederholen. Ich habe es mir nämlich Wort für Wort gemerkt.« Ganz konnte er es nie lassen, seine Überlegenheit seinem Stallgefährten gegenüber auszuspielen. »Fürchtet euch nicht, siehe, ich verkündige euch eine große Freude, die allem Volk widerfahren wird, denn euch ist heute der Heiland geboren, welcher ist Christus, der Herr in der Stadt Davids. Und das habt ➜

zum Zeichen. Ihr werdet finden das Kind in Windeln gewickelt und in einer Krippe liegend.«

»So einen langen Satz kannst du dir merken?« Der Esel war sichtlich beeindruckt.

»Später, als noch mehr Engel dazugekommen waren, ging es sogar noch weiter.« Es gefiel dem Ochsen, wenn der Esel ihn bewunderte. »Dann haben sie noch gesungen: Ehre sei Gott in der Höhe und Friede auf Erden den Menschen seines Wohlgefallens.« »Klingt gut – Iah!« gab der Esel von sich. Vor lauter Aufregung über all die spannenden Neuigkeiten war ihm inzwischen warm geworden. »Und dieses Kind

Gottes liegt jetzt in unserer Krippe?« So ganz konnte er noch gar nicht begreifen, was da geschehen war.

Eine Weile war es still im Stall. Der Ochse war kurz vor dem Einschlafen, als der Esel noch einmal anfing: »Wieso wird denn nur den Menschen Frieden verkündet, und dass sie sich freuen sollen?«, wollte er jetzt wissen. »Zumal wir Tiere hier im Stall die Leidtragenden sind«, setzte er unter erneutem Hinweis auf seinen leeren Magen hinzu. »Wenn Gott schon alle seine Sängerknaben« – er vermied absichtlich das Wort Engel, weil er immer noch nicht wusste, wie es richtig ausgesprochen wurde –, »also diese Bürschlein mit dem Licht über

dem Kopf, bei der Kälte nachts auf das Feld schickt und der Welt, wie du vorhin gesagt hast, eine neue Hoffnung für ihr Leben verkündet wird, warum gilt die dann nur den Menschen und nicht zugleich uns Tieren?«, fragte er nachdenklich. Der Ochse fühlte sich sichtlich geschmeichelt, dass der Esel etwas von dem behalten hatte, was er ihm erzählt hatte, stellte sich aber schlafend, weil er auf diese Frage auch keine Antwort wusste. Das war schlimm, aber noch schlimmer war, dass der Esel im Grunde genommen recht hatte. Das war noch nie der Fall gewesen. Warum hatten die Engel nicht gesungen: »Frieden für Mensch und Tier?«

»He, du, sag schon, du tust doch sonst immer so, als ob du alles weißt«, wieherte der Esel und stapfte ungeduldig von einem Bein auf das andere, »ich weiß, dass du noch nicht schläfst, denn du hast noch gar nicht geschnarcht«, setzte er spitz hinzu. »Ach, weißt du«, antwortete der Ochse, der die kurze Gesprächspause zum Nachdenken genutzt hatte, »das ist doch ganz einfach. Wenn die Menschen sich wirklich von Herzen freuen und glücklich und zufrieden sind mit dem, was sie sind und was sie haben, und miteinander in Frieden leben, dann werden sie auch zu uns Tieren gut sein. Das ist doch logisch, oder?« Er war stolz darauf, dass ihm so eine plausible

Erklärung eingefallen war. Ja, so musste es sein.

»Dann brauche ich nie wieder den elenden langen, steinigen Weg den Berg hinauf zu laufen, beladen mit Säcken, die so schwer sind, wie die Steine an der Zisterne, bist du ganz sicher?«, frohlockte der Esel.

»Nein, nie wieder«, antwortete der Ochse unsicher. »Und nie wieder wird ein Peitschenhieb auf meiner Eselshaut niedergehen?«

»Nie wieder«, antwortete der Ochse erneut.

Dicke Freudentränen kullerten aus den großen grauen Augen des Esels. »Dafür gebe ich gern heute Nacht meine Krippe und mein Stroh her.« Er schüttelte sich, jetzt nicht mehr vor Kälte, sondern vor Glück. »Unsere Krippe und unser Stroh«, berichtigte ihn der Ochse. »Und ich müsste nie mehr die schweren Karren ziehen und mich nicht mehr fürchten, dass meine Kinder oder ich im Suppentopf landen«, träumte er halblaut vor sich hin.

»Was für eine wunderbare Nacht ist das heute«, flüsterte der Esel ergriffen, »wie so ein paar Engel«, er brachte das schwierige Wort jetzt sogar richtig über die Lippen, »das ganze Leben eines alten Esels mit einem Schlage verändern können.«

CHRISTA SPILLING-NÖKER

26 Dezember

Zweiter Weihnachtstag: der heilige Stephanus

Am 26. Dezember, also dem zweiten Weihnachtstag, gedenkt die katholische Kirche des heiligen Stephanus. Stephanus war einer der ersten sieben Diakone der urchristlichen Gemeinde von Jerusalem (Apostelgeschichte 6,1–7). Er hatte viele Zeichen und Wunder vollbracht und galt als Mann voller Weisheit und Gnade. Doch Menschen, die ihm nicht wohl gesonnen waren, hetzten das Volk mit der Lüge auf, er habe Gott gelästert und bestellten zur Absicherung ihrer Aussagen falsche Zeugen. Im Rückblick auf die Geschichte Israels hielt Stephanus den Hohepriestern vor Augen, dass schon ihre Vorfahren die von Gott gesandten Propheten verfolgt und getötet hätten, so wie auch sie selbst den Weisungen des Heiligen Geistes nicht gefolgt wären. Diese Worte führten zur allgemeinen Empörung und zur Steinigung des Stephanus, der angesichts des Todes noch sagen konnte: »Herr vergib ihnen, denn sie wissen nicht, was sie tun« (Apostelgeschichte 7,54–60).

Die Alte Kirche hat den Gedenktag zu Ehren des Stephanus bewusst unmittelbar hinter das Fest der Geburt Jesu gelegt, um deutlich zu machen, dass die Freude über die Geburt und die Bedrohungen des Lebens im Zusammenhang zu sehen sind.

Hirten

Ganz schön spannend die Weihnachtserzählung – sogar von Hirten ist da die Rede: Zur Zeit Jesu galten sie als Außenseiter der Gesellschaft. Sie verbrachten ihre Tage und Nächte bei ihren Viehherden auf den Feldern und hatten deshalb wenig Kontakt zu den Menschen in den Dörfern und Städten. Niemand hatte ihnen je Lesen und Schreiben beigebracht oder sie in religiösen Fragen unterrichtet. Da sie ihre Herden nicht allein lassen konnten, war es ihnen auch nicht möglich, den Tempel aufzusuchen oder anderen religiösen Pflichten nachzukommen. Auch aus diesem Grund sahen viele Menschen, gerade diejenigen, die sich für besonders fromm hielten, auf sie herab. Doch gerade ihnen, so erzählt die Weihnachtsgeschichte, erschienen die Engel, um ihnen die frohe Botschaft von der Geburt Jesu Christi zu verkünden.

Tipp:
Wie wäre es mit einem Hirtentag –
mit Hirtensalat, Fladenbrot, Hirten-
geschichte und Hirtenliedern. Die
Anregungen gibt es hier.

Gott kommt gerade zu denen,
die in dieser Welt missachtet
und ausgegrenzt werden.

Gott kommt gerade zu denen,
die in der Gesellschaft
keinen Platz gefunden haben.

Gott kommt gerade zu denen,
die seiner Wärme und seiner Liebe
am meisten bedürftig sind.

CHRISTA SPILLING-NÖKER

Die Geschichte vom Weihnachtslicht

Als die Engel den Hirten verkündet hatten, dass im Stall von Betlehem der König der Welt geboren worden war, da suchte jeder nach einem passenden Geschenk, das er dem Kind in der Krippe mitbringen wollte. Die Hirten liefen auseinander, verabredeten sich aber, dass sie sich nach kurzer Zeit treffen wollten, um gemeinsam zum Stall zu gehen, das Kind anzubeten und ihre Geschenke zu überbringen.

»Ich bringe ein Schäfchen mit!«, meinte der eine.

»Ich eine Kanne voll frischer Milch!«, sagte ein anderer.

»Und ich eine warme Decke, damit das Kind nicht friert!«, rief ein Dritter.

Unter den Hirten war aber auch ein Hirtenknabe. Der war bettelarm und hatte nichts, was er dem Kind schenken konnte. Traurig lief er zum Schafstall und suchte in dem winzigen Eckchen, das ihm gehörte, nach etwas, was er vielleicht doch mitbringen konnte. Aber da war nichts, was auch nur den Anschein eines Geschenkes hatte. In seiner Not zündete der Hirtenknabe eine kleine Kerze an und suchte in jeder Ritze und in jeder Ecke. Doch alles Suchen war umsonst.

Da setzte er sich endlich mitten auf den Fußboden und war so traurig, dass ihm die Tränen an den Backen hinunterliefen. So bemerkte er auch nicht, dass ein anderer Hirte in den Stall gekommen war und vor ihm stehen blieb. Er erschrak richtig, als ihn der Hirte ansprach:

»Da bringen wir dem König der Welt alle möglichen Geschenke. Ich glaube aber, dass du das allerschönste Geschenk hast!«

Erstaunt blickte ihn der Hirtenknabe mit verweinten Augen an. »Ich habe doch gar nichts!«, sagte er leise.

Da lachte der Hirte und meinte: »Schaut euch diesen Knirps an! Da hält er in seiner Hand eine leuchtende Kerze und meint, er habe gar nichts!«

»Soll ich dem Kind vielleicht die kleine Kerze schenken?«, fragte der Hirtenknabe aufgeregt.

»Ja!«, antwortete der Hirte. »Sie ist hell und macht warm.«

Da stand der Hirtenknabe auf, legte seine Hand schützend vor die kleine Flamme und machte sich mit dem Hirten auf den Weg. Als die Hirten mit ihren Geschenken den Stall erreichten, war es dort kalt und dunkel.

Als aber der Hirtenknabe mit seiner kleinen Kerze den Stall betrat, da breitete sich ein Leuchten und eine Wärme aus, und alle konnten Maria und Josef und das Kind in der Krippe sehen. So knieten die Hirten vor der Krippe und beteten den Herrn der Welt an, das kleine Kind mit Namen Jesus. Danach übergaben sie ihre Geschenke.

Der Hirtenknabe aber stellte seine Kerze ganz nah an die Krippe, und er konnte deutlich das Leuchten in Marias und Josefs Augen sehn.

»Das kleine Licht ist das allerschönste Geschenk!«, sagten die Hirten leise. Und alle freuten sich an dem schönen Weihnachtslicht, das sogar den armseligen Stall warm und gemütlich machte. Der Hirtenknabe aber spürte, wie in ihm selbst eine Wärme aufstieg, die ihn immer glücklicher machte. Und wieder musste er weinen. Jetzt weinte er aber, weil er sich so glücklich fühlte.

Bis zum heutigen Tag zünden die Menschen vor Weihnachten Kerzen an, weil sie alle auf Weihnachten warten und ihnen das kleine Licht immer wieder Freude und Geborgenheit schenkt.

ROLF KRENZER

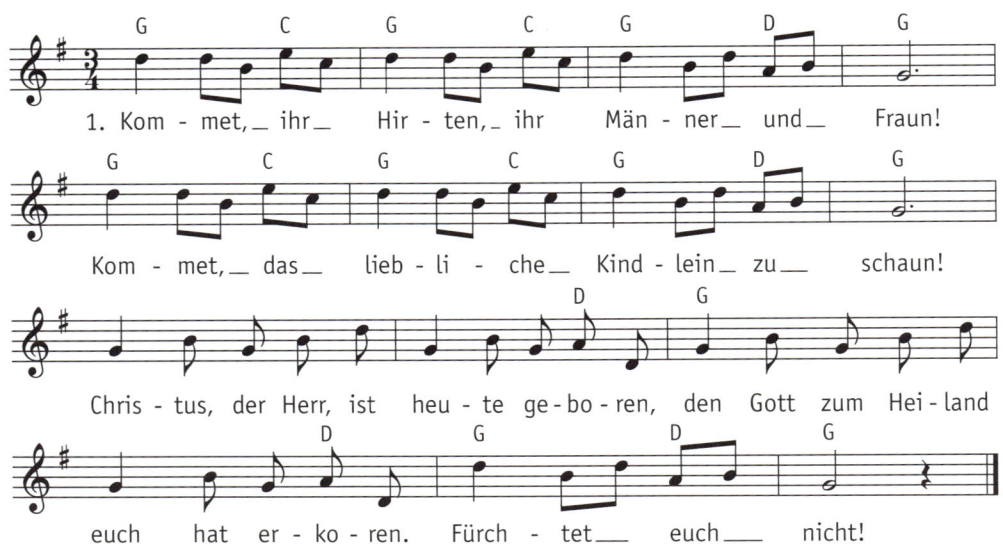

1. Kom - met, __ ihr __ Hir - ten, __ ihr Män - ner __ und __ Fraun!

Kom - met, __ das __ lieb - li - che __ Kind - lein __ zu __ schaun!

Chris - tus, der Herr, ist heu - te ge - bo - ren, den Gott zum Hei - land

euch hat er - ko - ren. Fürch - tet __ euch __ nicht!

2. Lasset uns sehen
   in Bethlehems Stall,
   was uns verheißen
   der himmlische Schall!
   Was wir dort finden,
   lasset uns künden,
   lasset uns preisen
   in frommen Weisen.
   Halleluja!

3. Wahrlich, die Engel
   verkündigen heut
   Bethlehems Hirtenvolk
   gar große Freud.
   Nun soll es werden
   Frieden auf Erden,
   den Menschen allen
   ein Wohlgefallen.
   Ehre sei Gott!

TEXT: CARL RIEDEL / MELODIE: AUS TSCHECHIEN

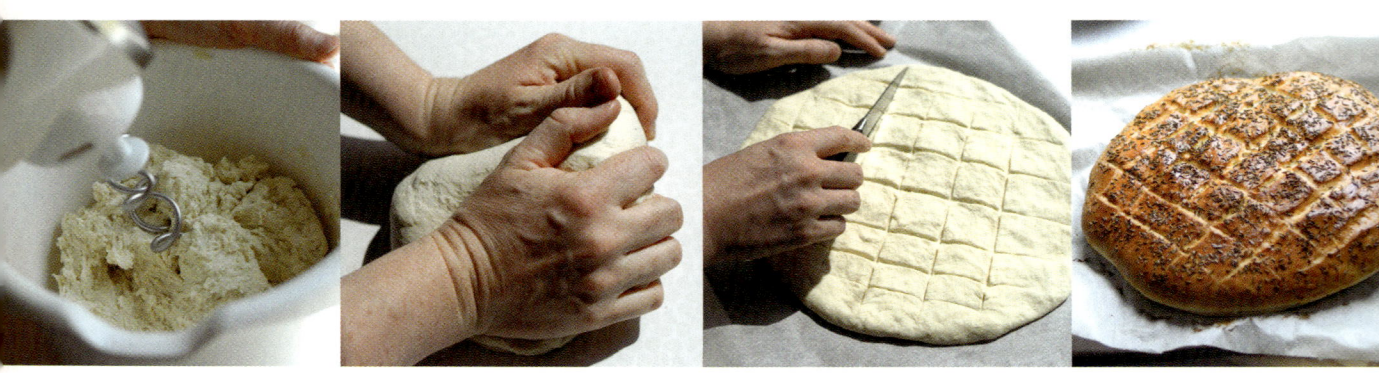

Hirtensalat

⇨ Zutaten für vier Personen:
3 Paprikaschoten (je eine rote, gelbe, grüne), 6 kleine Tomaten, 2 kleine Zwiebeln,
1 kleine Dose Mais, 150 g schwarze Oliven ohne Kern, 200 g Fetakäse (wer den Geschmack
von Schafskäse nicht mag, kann ersatzweise auch Hüttenkäse, Frischkäse oder Mozarella
nehmen)

⇨ Für die Soße:
2 EL weißen Balsamessig oder Weißweinessig, 6 EL Olivenöl oder Kräuteröl, Salz,
schwarzer Pfeffer aus der Mühle

⇨ Zubereitung:
Die Paprikaschoten waschen, in Viertel schneiden und das innere Weiße herausschneiden.
Die Zwiebeln schälen und, ebenso wie die Paprika, in kleine Würfel schneiden. Die Tomaten
waschen, einritzen, kurz in kochendes Wasser legen, kalt abspülen und häuten. Die Toma-
ten danach aufschneiden, die Kerne entfernen und das Fruchtfleisch ebenfalls würfeln.
Den Schafskäse in Würfel schneiden und mit den Oliven zu den anderen Zutaten geben.
Die Salatsoße abschmecken, darübergeben und alles vorsichtig miteinander vermengen.

Fladenbrot

⇨ Zutaten:
500 g Weizenmehl, 20 g frische Hefe, 300 ml Wasser,
1 EL Olivenöl, 1 gestrichener EL Salz, 1 EL Olivenöl
und 1 Eigelb zum Bestreichen sowie Kümmel und
Sesam zum Bestreuen.

⇨ Zubereitung:
Das Mehl in eine Schüssel geben. Die Hefe in warmem Wasser auflösen und mit dem Öl,
dem Salz und dem Mehl vermischen. Den Teig so lange kneten, bis er sich vom Schüsselrand löst. (Mit den Knethaken der Küchenmaschine ca. 1/4 Stunde / ein Vorteig ist nicht
notwendig.) Die Schüssel mit dem Teig mit einem sauberen Tuch abdecken und an einem
warmen Ort gut eine Stunde gehen lassen, bis er sein Volumen verdoppelt hat. Den Teig danach noch einmal kräftig mit den Händen durchkneten, zu einer Kugel formen und auf ein
mit Backpapier ausgelegtes Backblech legen. Die Teigkugel zu einem runden Fladen flach-
drücken und so einschneiden, dass sich das typische Rautenmuster ergibt. Das Öl mit dem
Eigelb verrühren und den Fladen damit bepinseln, Kümmel und Sesam daraufstreuen und
etwas andrücken. Den Backofen auf 200 Grad vorheizen. Den Fladen noch einmal an warmem Ort etwa eine halbe Stunde gehen lassen und anschließend 20 bis 30 Minuten backen.

Wenn das alte Jahr zu Ende geht

Der 31. Dezember trägt seinen Namen nach dem Todestag von Papst Silvester I., der im 4. Jahrhundert gelebt hat und im 5. Jahrhundert heiliggesprochen wurde. Als Altjahrsabend wird Silvester jedoch erst seit Einführung des Gregorianischen Kalenders begangen, durch den im Jahr 1582 der 1. Januar als Neujahrstermin festgesetzt wurde. Die Gestaltung des letzten Tages im Jahr ist mit allerhand abergläubischem Brauchtum verbunden; das orakelhafte Bleigießen etwa hat eine Tradition, die bis ins Mittelalter zurückreicht.

Im kulinarischen Bereich hat sich traditionell ein Fischgericht durchgesetzt. Bekannt ist der Silvesterkarpfen; dem Volksglauben nach soll einem im kommenden Jahr das Geld nicht ausgehen, wenn man sich eine seiner Schuppen in die Geldbörse steckt. Ebenso beliebt sind Heringsspeisen, vor allem kräftige Heringssalate.

 Miteinander auf das vergangene Jahr zurückblicken

Die Familie setzt sich um einen Tisch, auf dem ein Stapel Papierbögen und Filzstifte liegen. Auf jeweils ein Blatt wird der Name eines Monats geschrieben. Gemeinsam erinnert man sich, was im Laufe des Jahres Bedeutsames geschehen ist, zum Beispiel die Einschulung eines Kindes, ein runder Geburtstag, ein Hochzeitsjubiläum, eine Klassenfahrt, ein ganz besonders schöner Ausflug, eine Urlaubsreise sowie gegebenenfalls auch schwere Krankheiten oder Todesfälle. Mit Stichworten werden die Ereignisse auf den entsprechenden Monatszettel geschrieben. Ergänzt werden kann der Rückblick durch Fotos, die vielleicht schon zwischen Weihnachten und Neujahr ausgedruckt worden sind.

Zum Abschluss werden die gestalteten Seiten der Reihe nach in einen Ordner – versehen mit der entsprechenden Jahreszahl – geheftet oder als einzelnes Büchlein gebunden. Wenn man diese Runde Jahr für Jahr wiederholt, ergibt sich daraus eine Familienchronik.

218

Was ich mir für das neue Jahr wünsche

Jedes Familienmitglied schreibt auf einen Zettel, was es sich für das neue Jahr wünscht.
Danach werden die einzelnen Wünsche miteinander besprochen.
Auch diese Bögen können der kleinen Familienchronik beigefügt werden. Am nächsten
Silvesterabend kann man dann darüber sprechen, welche Wünsche sich erfüllt haben,
welche offen geblieben sind und welche sich verändert haben.

Krachmacherinstrumente für Mitternacht erfinden

Silvesterböller müssen nicht sein – Krach lässt sich auch mit ganz anderen Mitteln erzeugen.
Und das Basteln von Krachmacherinstrumenten macht obendrein noch sehr viel Spaß.

- Topfdeckel gegeneinander schlagen
- kleine Keksdosen mit Sand oder Steinchen füllen und schütteln
- mit Holzlöffeln auf Topfböden oder die Böden leerer Keksdosen schlagen
- mit Löffeln auf leere Glasflaschen schlagen – da kommen ganz schön
  unterschiedliche Töne hervor
- leere Dosen miteinander verbinden und die »Dosenkette« hinter sich herziehen

Der Fantasie sind hier keine Grenzen gesetzt. Und vielleicht lässt sich ja bei dem mitternächtlichen Gang durch die Straßen auch ein gemeinsamer Rhythmus finden.

Was würden Sie tun, wenn Sie das neue Jahr regieren könnten?
Ich würde vor Aufregung wahrscheinlich
Die ersten Nächte schlaflos verbringen
Und darauf tagelang ängstlich und kleinlich
Ganz dumme, selbstsüchtige Pläne schwingen.
Dann – hoffentlich – aber laut lachen
Und endlich den lieben Gott abends leise
Bitten, doch wieder nach seiner Weise
Das neue Jahr göttlich selber zu machen.

JOACHIM RINGELNATZ

Wie das neue Jahr beginnt

In ländlichen Gegenden wurde und wird zum Teil auch heute noch vor den Nachbarhäusern das neue Jahr angesungen, oft auch um Fleisch, Wurst, Punsch oder eine andere Gabe zu erhalten. Daneben hatten sich zahlreiche volkstümliche Bräuche etabliert: Durch Lärmen und Schießen sollten böse Geister vertrieben und gute ins Leben gerufen werden. Heutzutage ist der Glaube an Geister beim Radaumachen wohl weitgehend hinter der Freude zurückgetreten, dass ein neues Jahr beginnt, das mit einem Feuerwerk begrüßt wird. Es hat sich auch die Tradition bewahrt, Glücksbringer wie Hufeisen aus Schokolade, Schornsteinfegerfiguren oder Schweine aus Marzipan zu verschenken. Zu solchen Glücksbringern zählten auch vielerlei Gebildbrote, die oft schon an Silvester gebacken wurden. Mit der Gestaltung von Neujahrskranz und Hefezopf versuchte man sich auf magische Weise gegen böse Geister und wilde Dämonen zu schützen. In vielen Gegenden hat sich der seit Jahrhunderten währende Brauch, am Neujahrstag eine süße Brezel als Liebes- oder Glücksbringer zu verschenken oder zu essen, bis heute erhalten.

Besuche machen

Früher war es üblich, am Nachmittag des Neujahrstages Verwandten, lieben Nachbarinnen und Nachbarn, Freundinnen und Freunden einen kurzen Besuch abzustatten, um ihnen ein gutes neues Jahr zu wünschen.

Vielleicht sollte man diesen alten Brauch wieder neu aufleben lassen, allerdings nicht, um Gaben zu erbitten, sondern eher um eine nette Kleinigkeit mitzubringen – vielleicht eine schön gestaltete Karte mit einem Gedicht oder Segenswort.

Mögen sich dir im kommenden Jahr
helle Räume erschließen,
damit das Licht in deinem Herzen
einen Widerschein findet,
und die Lebensfreude dich
durchglänzt und durchwärmt.

CHRISTA SPILLING-NÖKER

Weihrauch, Myrrhe, Gold: die Heiligen Drei Könige

Das Dreikönigsfest wird auch Epiphanias genannt. Der Begriff ist altgriechischen Ursprungs und bedeutet Erscheinung. Gemeint ist damit die Erscheinung Gottes in Jesus Christus. Nachdem in den christlichen Kirchen das Weihnachtsfest vom 6. Januar auf den 25. Dezember vorverlegt worden war, wurde das Epiphaniasfest allein zum Verehrungsfest der drei Magier, die, der biblischen Legende nach, dem Stern folgend nach Betlehem gezogen waren, um dem neugeborenen König der Juden zu huldigen.

Im Rückblick auf alttestamentliche Texte (z.B. Numeri 24,17 und Psalm 72,10–15), den sogenannten messianischen Weissagungen, hat man die Magier im 6. Jahrhundert zu Königen umgedeutet. Ihre Namen Caspar, Melchior und Balthasar tragen sie seit dem 19. Jahrhundert. Den Mohrenkönig gibt es seit dem 12. Jahrhundert.

Seit dem 15. Jahrhundert erlebte das Dreikönigsfest eine Hochblüte. Im gestaltenden Brauchtum entwickelten sich eine Reihe von Dreikönigs-Spielen. Seit dem 16. Jahrhundert entstanden die Heischebräuche und Dreikönigsumzüge. So zogen vor allem in Süddeutschland und Österreich Kinder, als die drei Könige Kaspar, Melchior und Balthasar verkleidet, am Abend vor Epiphanias von Haus zu Haus, sangen ein »Sternsingerlied« und sammelten Geld, Obst oder Schokolade.

Dem entspricht das heutige Dreikönigssingen der katholischen Kirche zwischen Weihnachten und Epiphanias, bei dem die »Sternsinger« um eine Spende bitten, die in jedem Jahr ein Projekt in Ländern der sogenannten Dritten Welt unterstützen. Damit verbunden ist ein Haussegen: An die Tür oder an den Türbalken wird das Kürzel für »Christus Mansionem Benedicat« (Christus segne dieses Haus) C+M+B und daneben die Jahreszahl geschrieben.

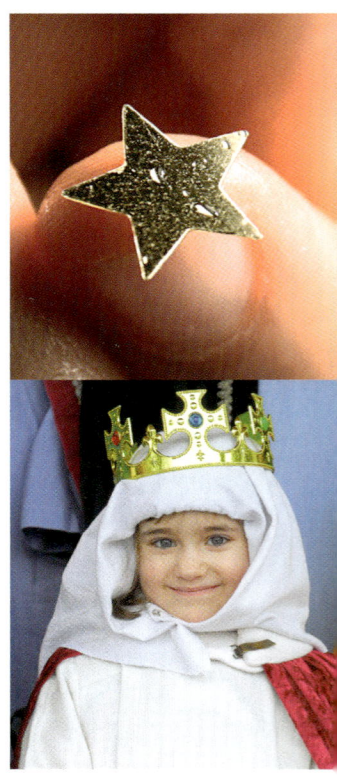

Was die Bibel über die Magier aus dem Morgenland erzählt

Als nun Jesus geboren war, zu Betlehem im Land Juda in den Tagen des Königs Herodes, da kamen Magier aus dem Osten nach Jerusalem und fragten: Wo ist der neugeborene König der Juden? Wir haben seinen Stern aufgehen sehen und sind gekommen, ihm zu huldigen. Als König Herodes das hörte, erschrak er und ganz Jerusalem mit ihm. Er ließ alle Hohenpriester und Schriftgelehrten des Volkes zusammenkommen und forschte sie aus, wo der Messias geboren werden solle. Sie antworteten ihm: In Betlehem in Judäa. Denn so steht beim Propheten geschrieben:

Du, Betlehem im Land Juda, bist keineswegs die geringste unter den führenden Städten Judas; denn aus dir wird ein Herrscher hervorgehen, der mein Volk Israel weiden wird.

Da rief Herodes die Magier heimlich zu sich und horchte sie aus, wann ihnen der Stern erschienen war. Dann schickte er sie nach Betlehem und sagte: Geht und forscht sorgfältig nach dem Kind; und sobald ihr es gefunden habt, lasst es mich wissen, damit auch ich komme und ihm huldige. Nachdem sie den König angehört hatten, brachen sie auf. Und der Stern, den sie hatten aufgehen sehen, zog vor ihnen her, bis er ankam und über dem Ort stehen blieb, wo das Kind war. Als sie den Stern erblickten, hatten sie eine überaus große Freude. Sie traten in das Haus ein und sahen das Kind mit Maria, seiner Mutter, fielen nieder und huldigten ihm. Dann öffneten sie ihre Schätze und brachten ihm Geschenke dar, Gold, Weihrauch und Myrrhe. Und da sie im Traum die Weisung empfingen, nicht zu Herodes zurückzukehren, zogen sie auf einem anderen Weg heim in ihr Land.

MATTHÄUSEVANGELIUM 2,1–12

Der Dreikönigskuchen

In vielen Gegenden wird auch heute noch am Dreikönigstag ein Bohnenkuchen gegessen. Dabei handelt es sich um ein süßes Reis- oder Hefegebäck, bei dem sechs Teigteile um ein mittleres Stück angeordnet sind, so dass das Gebäck einer Krone ähnelt. In diesen Kuchen wird eine Bohne oder ersatzweise eine ungeschälte Mandel, eine Münze oder eine kleine Figur aus Porzellan oder heutzutage auch aus Kunststoff eingebacken. In manchen Regionen werden auch eine weiße und eine schwarze Bohne oder eine Bohne und eine Erbse genommen. Wer in seinem Kuchenstück die schwarze Bohne findet, wird für diesen Tag König, die weiße Bohne dient der Ernennung der Königin. König und Königin dürfen dann aus den anderen Teilnehmern einen Hofstaat bestimmen und den ganzen Nachmittag oder Abend ihre Rollen spielen. Finden Kinder die Bohnen, wird der Nachmittag als Kinderfest gestaltet.

Dreikönigskuchen

⊟ Zutaten:

600 g Mehl, 1/8 l Milch, 40 g Hefe, 2 kleine Eier, 1 Eigelb, 50 g Zucker, 1 Prise Salz, das Abgeriebene von 1 unbehandelten Zitrone, Mark von einer Vanilleschote, 250 g weiche Butter, 200 g gewaschene Rosinen, 100 g gehackte Mandeln; zusätzlich: 1 EL Mandelsplitter, 1 EL Hagelzucker, 1 große weiße und 1 große schwarze Trockenbohne.

⊟ Zubereitung:

Das Mehl in eine Schüssel sieben, in die Mitte eine Mulde drücken. Die Hefe in einen Becher bröseln, die Milch erwärmen, die Hefe darin auflösen und in die Mulde geben. Mit etwas Mehl verrühren. Mit einem Tuch bedeckt ca. 20 Minuten an einem warmen Ort gehen lassen.

Die aufgegangene Hefe vorsichtig mit dem Mehl vermengen. Eier, Eigelb, Zucker, Salz, Zitronenschale und Vanillemark miteinander verrühren und zu der Mehl-Hefemischung geben. Die Butter in Flöckchen darüber verteilen und alles mit den Knethaken der Küchenmaschine 15 Minuten lang durchkneten, bis sich der Teig vom Schüsselrand löst. Den Teig mit einem Tuch bedecken und an einem warmen Ort 1 Stunde gehen lassen.

Den Teig mit bemehlten Händen gut durchkneten. Sollte er zu weich sein, noch etwas Mehl unterkneten. Den Teig bedeckt noch einmal eine Stunde bei Zimmertemperatur gehen lassen, anschließend wieder durchkneten. Den Teig in sieben Teile teilen, wovon der eine Teil ein etwas größeres Volumen haben soll als die anderen sechs. Aus den Teigstücken Kugeln formen. Die beiden Bohnen dabei in zwei Teigstücke drücken.

Den Ofen auf 170 Grad vorheizen. Backpapier auf die Fettpfanne des Backofens legen, die größere Kugel in die Mitte der Fettpfanne geben und die anderen Kugeln ringsum andrücken. Mit Mandelsplittern und Hagelzucker bestreuen. Den Kuchen noch einmal 15 Minuten gehen lassen und dann ca. 45 Minuten backen.

Gerechte Teilung

Ein König wollte sein Reich seinen vier Söhnen zu gleichen Teilen vermachen, knüpfte an das Erbe aber eine Bedingung: Jedes Gebiet sollte an die Gebiete aller drei Brüder grenzen – und zwar nicht nur durch Berührung in einem Punkt – sondern durch eine richtige Grenzlinie. (Die Auflösung des Rätsels findet sich auf Seite 229.)

Wörter suchen

Alle Mitspieler schreiben ein bestimmtes Wort, z.B. D R E I K Ö N I G S F E S T auf einen Zettel und versuchen, aus den Buchstaben neue Wörter zu bilden. Wer nach einer vorgegebenen Zeit von z.B. 10 Minuten die meisten Wörter gefunden hat, ist Sieger und darf sich für die nächste Runde ein neues, möglichst langes Wort ausdenken.

König und Königin

Eine Spiel für acht oder mehr Mitspieler. Die Mitspieler stellen sich in zwei Reihen auf: In einer Reihe stehen die Damen mit der Königin an der Spitze, in der anderen die Herren mit dem König. Beide Reihen haben laut durchgezählt.

König und Königin rufen nun gleichzeitig eine Nummer auf. Die Dame muss einmal um die ganze Damenriege herumlaufen, bis sie wieder ihren Platz erreicht. Der aufgerufene Herr muss derweil versuchen, sie zu fangen. Wer verliert, muss zu der Gegenpartei wechseln.

Auch du bist ein Stern

Auch du bist wie ein Stern
am weiten Himmelszelt,
der auf ganz einzigartige
Weise die Finsternis
mit seinem Licht erhellt.

Auch du bist wie ein Stern
am weiten Himmelszelt,
du bist von vielen einer,
der darum weiß, was wirklich
für Menschenleben zählt.

Auch du bist wie ein Stern
am weiten Himmelszelt,
denn wenn es dich nicht gäbe,
spürte man,
dass dieser Welt was fehlt.

CHRISTA SPILLING-NÖKER

Frieden, Frieden will ich rufen,
dass der Stern von Betlehem
nicht nur vor zweitausend Jahren,
als die Weisen aus dem Morgenland
in dem Stall und an der Krippe waren,
Dunkelheit mit seinem Licht erhellt,
sondern dass die Waffen heute schweigen
und kein Mensch mehr um Gewalt und Hunger weiß,
dass die Mächtigen sich vor den Schwachen neigen,
und es endlich Frieden wird in dieser Welt,
der für alle Zeiten hält.

Frieden, Frieden will ich rufen,
dass der Stern auch heute
in dir aufgeht und mit hellem Licht
deine Angst und Trauer, Schmerz und Schuld
ein für allemal durchbricht
und jetzt ruhen kann, was gestern war,
dass sich deine Sehnsucht endlich stillt
und sich auf geheimnisvolle Weise
in der Zukunft auch dein Lebenstraum erfüllt.
Deine Wünsche werden wahr:
So gesegnet sei dein neues Jahr.

CHRISTA SPILLING-NÖKER

Zur Autorin

Christa Spilling-Nöker, Dr. phil., evangelische Pfarrerin mit pädagogischer und tiefenpsychologischer Ausbildung. Als begeisterte Köchin und Hobbygärtnerin schätzt sie die Jahreszeiten mit all ihren eigenen Prägungen in besonderer Weise. Sie ist Autorin zahlreicher erfolgreicher Veröffentlichungen im Verlag Herder.

Quellenverzeichnis

Wir danken allen Rechteinhabern und Verlagen für die freundliche Genehmigung zum Nachdruck. Trotz intensiver Bemühungen ist es uns nicht gelungen, alle Rechteinhaber zu ermitteln. Wir bitten diese daher um Verständnis, wenn wir gegebenenfalls erst nachträglich eine Abdruckhonorierung vornehmen können.

Textnachweis

Seite 16:   Manfred Mai, Ein halber Trick
Aus: Manfred Mai, Die schönsten 1-2-3 Minutengeschichten von starken Löwen, wilden Piraten und mutigen Kindern © 2010 by Ravensburger Buchverlag Otto Maier GmbH, Ravensburg

Seite 19:   Brigitte vom Wege / Mechthild Wessel, Guten Tag, Kaliméra
Aus: Die schönsten Kinderspiele aus der ganzen Welt © Verlag Herder Freiburg im Breisgau 2005

Seite 39:   Marie Luise Kaschnitz, Auferstehung
Aus: Marie Luise Kaschnitz, Überallnie. Ausgewählte Gedichte 1928–1965
© 1965 Claassen Verlag in der Ullstein Buchverlage GmbH, Berlin

Seite 43:   Heinrich Hannover, Der tollpatschige Osterhase
© beim Autor

Seite 47:   Charlotte Hofmann-Hege, Der Tulpenkorb
Aus: Charlotte Hofman-Hege, Spielt dem Regentag ein Lied, Quell Verlag Stuttgart 1997

Seite 49:   Fried Noxius, Warum das Veilchen so duftet
Aus: Gute-Nacht-Geschichten für kleine Leute, München 1967 © beim Autor

Seite 51:   Rose Ausländer, Manchmal I (Manchmal/spricht ein Baum)
Aus: Rose Ausländer, Wieder ein Tag aus Glut und Wind. Gedichte 1980–1982
© S. Fischer Verlag GmbH, Frankfurt am Main 1986

Seite 52:   Jüdische Legende, Für meine Enkel
Aus: Else Schubert-Christaller, In deinen Toren Jerusalem, Eugen Salzer Verlag Heilbronn 1984

Seite 56:   Eva Rechlin, Wir wären nie gewaschen
© bei der Autorin

Seite 69:   Kurt Marti, »Was mag wohl aus dem Kind geworden sein?«
© beim Autor

Seite 75:   Ilse Kleeberger, Sommer
© bei der Autorin

Seite 80:   Gina Ruck-Pauquèt, Freunde
Aus: Pusteblume, Tag- und Traumgeschichtenbuch, Ravensburger Buchverlag Otto Maier GmbH, Ravensburg 1976 © bei der Autorin

Seite 83: H.L. Gee, Die Blumen des Blinden
Aus: H.L.Gee, Fivehundred Tales to tell again. Gee & Co. Ltd. London 1955 /
Lore Graf (Hg.), Die Blumen des Blinden, Kurze Geschichten zum Nachdenken, München 1983

Seite 85: Frederic Hetmann, Geräusch der Grille – Geräusch des Geldes
Aus: Frederic Hetmann's WILDWEST-Show, Geschichten über Geschichten.
Beltz Verlag, Weinheim und Basel 1973. © by Elinor Kirsch

Seite 93: Christoph von Schmid, Die Suppe
Aus: Josef Griesbeck, Glauben mit allen Sinnen, Kösel Verlag München 1988

Seite 99: Christa Spilling-Nöker, Sei wie Feuer
Aus: Deine Güte umsorgt uns © Verlag am Eschbach der Schwabenverlag AG, Eschbach/
Markgräflerland 1989

Seite 102: Ursula Wölfel, Junger Hirsch – Tapferer Hirsch
Aus: Wunderwelt. Lesewerk für die Grundschule 2, 2. Schuljahr, Pädagogischer Verlag Schwann,
Düsseldorf

Seite 120: Christa Spilling-Nöker, Einen Tag in der Woche freihalten
Aus: Sonntäglich leben © Verlag am Eschbach der Schwabenverlag AG, Eschbach/
Markgräflerland 2001

Seite 134: Regina Bestle-Körfer, Kartoffelfeuer im Mühlental
Aus: Regina Bestle-Körfer, Annemarie Stollenberg, Erntefest und Kartoffelfeuer
© Bibliographisches Institut / Sauerländer, Mannheim 2010

Seite 143: Die kleine Blume
Aus: Albert Biesinger, Edeltraud und Ralf Gaus, Hört Gott uns, wenn wir beten, Verlag Herder
GmbH 2009

Seite 158: Huhu, das kleine Schlossgespenst
Aus: Entdeckungskiste-Extra: Der Herbst und seine Feste, Verlag Herder GmbH 2007

Seite 162: Manfred Mai, Nicht aufgeben!
Aus: Manfred Mai, Die schönsten 1-2-3 Minutengeschichten von starken Löwen, wilden Piraten
und mutigen Kindern © 2010 by Ravensburger Buchverlag Otto Maier GmbH, Ravensburg

Seite 171: Josef Guggenmos, Ich male ein Bild
Aus: Josef Guggenmos, Groß ist die Welt © 2006 Beltz & Gelberg in der Verlagsgruppe Beltz,
Weinheim/Basel

Seite 176: Ole Vanhoefer, Johann Hinrich Wichern oder Der Adventskranz
© beim Autor

Seite 200: Lina Donohue, Raum in der Herberge
Aus: Weihnachtsgrüße, Folge 58. Sonnenweg Verlag/ Aussaat Verlag Neukirchen Vluyn 1993

Seite 212: Rolf Krenzer, Die Geschichte vom Weihnachtslicht
© Rolf Krenzer Erben, Dillenburg

AΩ

DIE BIBEL

© photocase.com (2or manun, 4ol Sombrana, 4ur Kasulzke, 5 iriskniris, 6/7 bit.it, 14 Tommy Windecker, 17 misterQM, 19 Fotolizis, 17m Doppeltes Jotchen, 17r miss X, 19 Rina H., 20 chribier, 21 Gerti G., 22or Mella, 22ul table, 22ur sanwen, 36ul läns, 36ur kallejipp, 38l manun, 38r manun, 44r miss X, 46or maiwald, 50 bit.it, 52 manun, 54r stocksnapper, 56 nailiaschwarz, 57l miss X, 57r glitzerfee, 60 SvenH., 61 bit.it, 62o Flügelwesen, 62u Fotoline, 54ul Portiadecastro, 54ur Pieps, 56o klammerfranz, 56u ts-grafik.de, 67 Gerti G., 72 daniel.schoenen, 75o daniel.schoenen, 78ol jarts, 78or daniel.schoenen, 78ul daniel.schoenen, 78ur benicce, 79 misterQM, 81l nailiaschwarz, 81r miss X, 82o designritter, 82ul nailiaschwarz, 83 pretzscheline, 84 Franziska Fiolka, 87ol J.ORION, 87or Galle77, 83ul designritter, 88 una.knipsolina, 89o cydonna, 89m1 iriskniris, 89m2 fmatte, 89u misterQM, 90 Tinvo, 91o bunnyface, 91m1 PhotoSuse, 91m2 Katharina Levy, 92 mi.la, 94ol miss X, 94or Naturfreund 2.0, 94ul petr0, 94ur misterQM, 97skyla80, 98ol Villa Kunterbunt, 98ul misterQM, 98ur misterQM, 99 Gerti G., 00 Bibelmichel, 101l designritter, 101r rmueller, 107 Lichtstark, 108 Carol I, 109l kaz68, 109m1 soundso, 109m2 crocodile, 109r Judywie, 110 bugsbanny, 111 suze, 112 ti.Na, 114ol dimitris_k, 114or TanjaGrün, 114ul pictograph, 114ur Mr. Nico, 115 marshi, 117r benicce, 119 bit.it, 120 raperonzolo, 122 simbör, 123 Fotoline, 128r jarts, 129 daniel.schoenen, 130m2 Fotoline, 131o Mella, 135l stocksnapper, 135r cY, 137 kallejipp, 144ol mia_sara, 144ur pindakass, 145m1 arzt, 146m1 kallejipp, 146r na, 124l marshi, 157l lachfalte, 157m hketch, 161o goodgrief, 163 daniel.schoenen, 172u jarts, 173m MPower223, 173u David Dieschburg, 178m zululord, 180or Nadine Platzek, 180ul Nadine Platzek, 180ur da-kar, 181l xxee REHvolution.de, 181m Bratscher, 181r buba mara, 184 sickrockabella, 187l manun, 187r miss X, 192 fiebke, 193o sör alex, 193u andybahn, 194 bit.it, 196ur particula, 197m manun, 197r mys, 199 Hindemitt, 174 royalmg, 208 designritter, 213 krockenmitte, 216or s11, 216ul bit.it, 216ur Trojana1712, 217 claudiarndt, 219o suze, 219u Ebriman, 220 rolleyes, 224 koketts6)
Finken&Bumiller im Auftrag des Verlags Herder GmbH (182, 222)
© istockphoto (104)
wikicommons (130)
Alle weiteren: © Stefan Weigand, wunderlichundweigand.de

Besonderer Dank geht an Miriam, die kleine Kichermaus, und an Uli, den Kater.

Rätselauflösung zum Dreikönigsspiel von Seite 223:

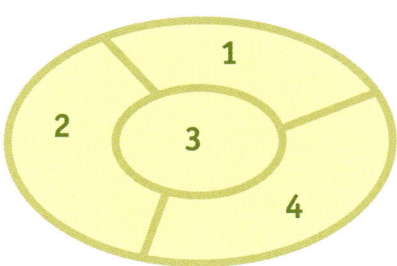

Christa Spilling-Nöker
im Verlag Herder

Himmlische Küche
Kochbuch für die christlichen Feste
Mit 12 Rezepten von Starköchin Lea Linster

224 Seiten | Gebunden | Mit zahlreichen
Abbildungen | Durchgehend farbig gestaltet
ISBN 978-3-451-30206-0

Das Kochbuch mit 12 jahreszeitlich abgestimmten Rezepten der
Starköchin Lea Linster. In diesem appetitanregend gestalteten
historischen Kochbuch stellt Christa Spilling-Nöker Brauchtum
und Rezepte der christlichen Feste durch den ganzen Jahreskreis
hindurch vor. Sie erzählt die Hintergründe und Geschichten der
Feste und ihrer Gerichte und gibt die Rezeptideen weiter, vom
Mittelalter bis zum 21. Jahrhundert.

»Mir hat das Buch von Pfarrerin Christa Spilling-Nöker sehr gut
gefallen. Sie hat mit großer Sachkenntnis und Liebe nachgeforscht
und Geschichten und Rezepte gesammelt. Gern unterstütze ich ihr
Buch mit zwölf meiner schönsten Rezepte.«
Lea Linster

Vom Engel, der nicht fliegen konnte
Die schönsten Weihnachtsengelgeschichten
Mit Illustrationen von Andrea Schraml

128 Seiten | Gebunden | Durchgehend zweifarbig
ISBN 978-3-451-30497-2

Die schönsten Weihnachtsengelgeschichten von Christa Spilling-
Nöker wurden für diesen Sonderband ausgewählt. Mal heiter, mal
besinnlich, aber immer stimmungsvoll bringen sie die weihnacht-
liche Botschaft einmal ganz anders nahe. Ein beflügelndes und
inspirierendes Lesevergnügen für die Advents- und Weihnachtszeit.

Ein Engel dir zur Seite
Mit Bildern von Marc Chagall

80 Seiten | Gebunden | Durchgehend farbig
ISBN 978-3-451-30361-6

Kleines Buch der Lebensfreude

160 Seiten | Herder spektrum Taschenbuch
Mit Vignetten
ISBN 978-3-451-07127-0

»Einfach gerne leben« ist das Lebensmotto der Erfolgsautorin Christa
Spilling-Nöker. Vom Glück der Tafelfreuden und des Faulenzens bis zum
Glück einer liebevollen Beziehung oder stiller Stunden für sich selbst:
Christa Spilling-Nöker öffnet auf unterhaltsame Weise die Augen für
die Freuden, die das Leben bereithält.

Der immerwährende Kalender
Für alle persönlichen Festtage

240 Seiten | Gebunden mit Leseband | Durchgehend farbig
Mit 26 Farbfotografien und 12 Monatsvignetten
ISBN 978-3-451-29228-6

50 Zutaten zum Glück
Von A wie Apfel bis Z wie Zimt

160 Seiten | Herder spektrum Taschenbuch
Mit Vignetten
ISBN 978-3-451-07109-6

Dieses Buch handelt von Glücklich-Machern, die man essen und
trinken kann! Die Erfolgsautorin Christa Spilling-Nöker legt eine
kurzweilige Mischung von Geschichten, Gedichten und Infos
vor: vom täglichen Apfel, der den Doktor überflüssig macht, über
Schokolade gegen Liebeskummer bis zu den Düften von Koriander
und Zimt, die Weihnachtsgefühle hervorrufen. Ein Geschenk
für Kochfans oder für alle, die einfach nur gern speisen. Mit dem
besonderen Vorteil: Lesen macht nicht dick!

50 Zutaten zur Liebe

160 Seiten | Herder spektrum Tachenbuch
Mit Vignetten
ISBN 978-3-451-07118-8

© Verlag Herder GmbH, Freiburg im Breisgau 2011
Alle Rechte vorbehalten
www.herder.de

Gesamtgestaltung: Finken & Bumiller
Umschlagfotos vorn: © bit.it / photocase.com
Umschlagfotos hinten: © Stefan Weigand, wunderlichundweigand.de

Herstellung: Himmer AG, Augsburg

Gedruckt auf umweltfreundlichem, chlorfrei gebleichtem Papier
Printed in Germany

ISBN 978-3-451-32551-9